Nicholas Müller / Hubert vom Venn

Kühe schubsen

RHEIN
MOSEL
VERLAG

RHEIN-MOSEL-VERLAG
Zell/Mosel
Brandenburg 17, D-56856 Zell/Mosel
Tel 06542/5151 Fax 06542/61158

ISBN 978-3-89801-079-5
Ausstattung: Cornelia Czerny
Umschlag: Marina Follmann
Foto: Katharina Isabel Franke
Signets: Janosch Hübler
Korrektur: Thomas Stephan

Nicholas Müller/Hubert vom Venn

Kühe schubsen

Briefe in und aus der Eifel

Rhein-Mosel-Verlag

Danke an unsere Bühnenpartner
Achim Konejung und Tobias Schmitz

Einleitung

Im August 2014 hatte Nicholas Müller eine Idee: Im Zeitalter von SMS, Mails und – fast schon veraltet: Telefon und FAX – einfach mal wieder Briefe schreiben – im wahrsten Sinne sogar mit Siegel.

Briefe zwischen einem Eifeler, den es in die große, weite Welt nach Westfalen getrieben hat, und einem Eifeler, der im Weichbild geblieben ist.

Briefe und Postkarten mit kurzen Gedanken also zwischen dem Musiker Nicholas Müller und dem dreißig Jahre älteren Hubert vom Venn.

Lieber Nicholas,

ich finde Deine Briefwechsel-Idee ganz toll, habe mir da auch ein paar Gedanken gemacht: Ich nenne das Spinn-Phase, wenn ich die ersten Ideen (oft für den Papierkorb) sammele – hier so'ne Idee, wie ein Titel aussehen könnte. Jetzt müssen wir uns noch darüber austauschen, wie Du Dir die Inhalte vorgestellt hast. Schreibst Du aus Deiner Eifelzeit und ich wie es zu meiner Zeit 100 Jahre früher war? Schildern wir beide Jetzt-Zeit-Erlebnisse? Vergleichen wir Westfalen und Eifeler? Oder schwebt Dir was ganz anderes vor?

Viele Grüße
Hubert

Hallo Hubert!

So, endlich komme ich auch mal zu einer Antwort. Das Vatersein wirft meine Kreativphasen immer tiefer in die Nacht, aber eigentlich kenne ich es ja auch nicht wirklich anders.
Du gehst die Sache von einer sehr interessanten Seite an, die ich bisher noch gar nicht in Betracht gezogen habe: Eure Generation und meine Generation. Ich müsste halt in die Recherche gehen, was die Zeit nach Alt-68 angeht, ich bin ja Generation Tschernobyl, aber da kannst Du mir bestimmt sehr gut auf die Sprünge helfen!
Am Rande: Der Name Deiner Band, »Kiffing Embryo«, ist übrigens so bescheuert schön, herrlich!
Mein Ansatz war: Der Typ, der aus dem Eifel-Kosmos in die weite Welt (Westfalen! Hah!) gewandert ist, um dort festzustel-

len, dass er ein echter Underdog ist. Beispielsweise der Arztbesuch, bei dem dieser mich nach der Niederlassung meiner Krankenkasse fragt, ich »Prüm, in der Eifel« sage und er mich kurz mitleidig anguckt, um dann die Anamnese von einem ganz anderen Standpunkt aus anzugehen und mich erst mal nach meiner Erblinie zu fragen (Kennste ja: Stichwort Inzest). Woraufhin ich ihn damit beruhige, dass ich zu 50 Prozent Duisburger Blut in mir trage und er nur noch mitleidiger wird. Oder ich bin beim Zahnarzt und der packt erst mal die Vorletzte-Jahrhundertwenden-Edition seiner Werkzeuge aus.
Dann würde ich gerne eine fiktive Selbsthilfegruppe von Eifelern gründen, bei der wir das Für und Wider des Imperativs (Fress oder sterb!) und andere Unwegsamkeiten wie das »Sch-Ch«-Problem besprechen, halt die kleinen Kruditäten, mit denen der Eifeler halt so zu kämpfen hat.
Und das berichte ich Dir halt, während Du mich über die politische, soziokulturelle oder wie auch immer geartete Lage in der Eifel auf dem Laufenden hältst und mir auch Deine Anekdötchen zum Besten bringst. Ich lache bei jeder einzelnen Deiner Kolumnen echt Tränen. Das ist so herrlich respektvoll respektlos auf den Punkt gebracht!
Kiffing Embryo, ey … Wo das wieder herkommt!
Ein Kuriosum am Rande, aus Deiner Amazon-Biographie:
»Seit 1912 tritt Hubert vom Venn solo auf.«
Tjifft jo! Du hast Dich echt gut gehalten, mein lieber Hubert! Haha!

Beste Grüße,
Nicholas

Lieber Nicholas,

1912! Ich erinnere mich noch genau. Ich trug damals einen völlig albernen Anzug, arbeitete als Truppenbetreuer und wollte mit einem Mühlenbesitzer aus Westfalen einen Briefwechsel veröffentlichen. Leider sind uns damals die Brieftauben ausgegangen. Da haben wir doch viel bessere Chancen …

Herzliche Grüße
Hubert

Lieber Hubert,

Du warst 1912 Deiner Zeit schon meilenweit voraus, zumindest, was die albernen Hosen angeht. Der neueste Scheiß sind nämlich Meggings. Leggings für Männer. Was leider kein Scherz ist. DAS sieht albern aus. Da ich ja weiß, dass die Eifel in Sachen Trends immer eine leichte Latenz vorzuweisen hat, schicke ich demnächst mal ein Beweisfoto. Mit ein bisschen Glück kommt das nie bei Euch an! Wenn doch, lache ruhig herzlich und offen darüber. Passt schon!

Beste Grüße,
Nicholas

Hallo Nicholas,

ich bin genau Deiner Meinung – wir beide schreiben über uns als reale Personen. Nur als Beispiel: Die »Kiffing Embryo«-Geschichte stimmt nämlich. So 1969 gegründet, nie ein Ton gespielt, geschweige denn ein Konzert gegeben, aber immerhin ein halbes Lied geschrieben: »Che«, scheiterte an meinem Grotten-Englisch.
Bin dann mit meinem Vetter Benno, den es schon lange aus der Eifel in die Provence verschlagen hatte, nach Trier gelaufen (und ein bisschen getrampt, aber nur ganz, ganz wenig).
Trier war für mich immer wichtig. Ein Jahr später – 1970 – spielte ich mit meiner Fußballmannschaft gegen Trier und anschließend gingen wir dort ins Kino: »Easy Rider«. Hat vieles in meinem Leben umgekrempelt – nur meine Mitspieler fanden den Film langweilig, stinklangweilig sogar.
Wenn die damals diese Hosen, deren Foto Du geschickt hast, angehabt hätten …
Fahre Samstag gen Trier, will mit meiner Frau den Tempel bei Igel besuchen und – natürlich – Viez vom Bohrshof holen …
Zu Generation Tschernobyl, wie Du es so schön nanntest, fällt mir ein Fast-Eifel-Erlebnis ein (Luxemburg ist ja Eifel). Als es krachte, hatte ich bei »RTL Radio« Nachtdienst mit Beppo Pohlmann (der hatte mal den Hit »Kreuzberger Nächte sind lang«). Wir dachten: Normaler Störfall, gründeten für die Morgensendung die Band »Tscherno und Bill« und nahmen auf »Geil« die Cover-Version »Gau« auf. Noch während der Sendung rief CBS an und wollte das. Micky Meuser, ein Klassenkamerad meiner Frau und heute Produzent in Berlin, produzierte das und als wir fertig waren, waren auch die Ausmaße von Tschernobyl bekannt.

Somit starb das Projekt. Schicke Dir die Produktion für den Papierkorb als vertrauliche Anlage.
Hatte übrigens noch ein Band-Projekt – da gab es die Single »Hühnchen explodieren am Horizont« und die LP – so hieß das damals – »Die Stimme des Westens«.

Herzliche Grüße
Hubert

Lieber Hubert,

die Knotenpöhler Band. Du ahnst es nicht! Hubert, wenn wir uns nächste Woche sehen, will ich Ton- und Fotonachweise! Auch beim Bandnamen Feindbild bin ich, als alter Punker, voll im Thema. Vielleicht sollten wir irgendwann eine All-Star Band gründen und Eifeler Volksweisen rückwärts vertonen, um die geheime Botschaft zu entschlüsseln. Und um dem Ganzen eine politische Konnotation zu geben, nennen wir uns »Die Eifeler Volkswaisen« ... Oh ich freu mich!

In diesem Sinne,
allerherzlichsten Dank, die besten Grüße,
Nicholas

Lieber Nicholas,

ja, so gehen wir die Sache an. Ich gebe ja zu, dass ich gerne in der Vergangenheit schwelge – sicher auch eine Frage des Alters. Mir fallen gerade ein paar Dinge ein, die sicher für die Menschheit sowas von überflüssig sind, wie sie überflüssiger nicht sein könnten – aus der Zeit, als die Bilder schon laufen konnten.

Beginnen möchte ich mit einer Errungenschaft meiner Jugend, die es heute nicht mehr gibt: Die »Fruchtsuppe von Zamek« – eiskalt einfach ein Knaller. Früchte so frisch wie kandiertes Zitronat und Orangeat, dickflüssig wie Honig, der bei Sonnenschein auf der Fensterbank gestanden hat, und süß wie die Zedern des Libanon. Ich weiß auch, dass das letzte Beispiel völliger Blödsinn ist, klingt aber gut …

Heute sagt kein Mensch mehr Fruchtsuppe – vielmehr Kaltschale, aber diese erreicht nicht annähernd den Geschmack meiner Kindheit.

Soviel ich weiß, gab es die »Fruchtsuppe von Zamek« in Pappdöschen nur auf der Theke beim Metzger – Inhalt waren ein süßes Pulver und getrocknete Früchte – siehe oben. Es war damals noch Nix mit »kalt anrühren«. Der Inhalt musste in Wasser aufgelöst, richtig gekocht und dann im Kühlschrank auf Eiseskälte runtertemperiert werden. Derweil machten wir Kinder Klimmzüge am Eisschrank, bis es endlich soweit war.

Schmeckte einfach wahnsinnig, wahrscheinlich eine Chemiebombe vor dem Herrn. Egal, das war der Sommergeschmack meiner Kindheit.

Ich springe jetzt einfach – macht der Eifeler gerne – zu einem Thema, das mit der »Fruchtsuppe von Zamek« überhaupt nichts zu tun hat: Bestellen.

Natürlich kannten wir kein »Amazonas« oder »Zaraleando« –

dafür aber »Quelle« und »Neckermann«. Der frühe Mensch des vorigen Jahrhunderts war bekanntlich treu – wer die »Rolling Stones« hörte, legte nie eine »Beatles«-Platte auf. Und so war es auch mit den sogenannten Versandhäusern. Die meisten waren nur einem treu, in meiner Familie siegte das blaue Paket. Mehrmals im Jahr trudelte der Katalog dieses Versenders ein, dicker als jedes Telefonbuch der Eifel. Immer ein Festtag für die ganze Familie – allerdings erst, wenn Oma den Katalog freigegeben hatte, nachdem sie ihn der unfreiwilligen Selbstkontrolle unterzogen hatte.
Merke: Eine Zensur findet auf jeden Fall statt.
Oma holte sich dann immer einen wunden Daumen, weil sie als erste den Katalog zur Kontrolle erhielt. Sie lebte nämlich mit mehreren Generationen unter einem Dach – unter anderem »die beiden Mädchen«, als ihre Stieftöchter nicht viel jünger als sie. Und dann eine leibliche Tochter nebst Familie. Alle diese mussten doch geschützt werden – vor dem Moloch des Sittenverfalls und den Versuchungen der Unzucht.
Also nahm Oma sich den schweren Versandhaus-Schinken vor, schlug die Abteilung »Unterwäsche« auf, spuckte auf den Daumen und rieb stunden- und seitenlang all das weg, wo sie einen Busen auch nur wähnte.
Übrig blieben durchlöcherte Seiten – ähnlich dem Fluchtauto von Bonnie und Clyde.
So wurde ihre Hausgemeinschaft vor dem Sittenverfall geschützt. Als mein Vetter uns – ein paar Dörfer weiter wohnend und stolzer Besitzer eines der ersten Fernseher – einmal besuchte und Bikinis in einer Badeanstalt sah, rief er entrüstet aus:
»Nee, kickens, Tant Trina, wat für Bläckstüppe« – frei übersetzt: »Schau mal, Tante Katharina, was für nackte Gesäße!«
In einem Nebendorf gab es mal Ärger, weil eine Großmutter alle verdächtigen Seiten aus dem »Lesezirkel« rausgerissen hatte, der von ihren Enkeln ausgetragen wurde. Dort weiß man bis heute nicht, wer Jayne Mansfield, Brigitte Bardot, Jane Russel, Gina Lollobrigida oder Sophia Loren waren.

Aber zurück zum Katalog.
Wir Kinder interessierten uns weder für Pin-up-Ikonen noch für die Hüfthalter, die bekanntlich umbrachten – wir waren erpicht auf die Seiten weit dahinter:
Spielzeug – im Weihnachtskatalog mit einem Angebot, das uns schier aus dem Häuschen brachte.
In meinem Eifeldorf gab es bereits einen »Spielsachenladen«, an dessen Fenster ich mir die Nase platt drückte: Piratenschiffe, Burgen, Lassie, Fury (das Pferd – kein *Slaughterhouse)* und Joey als Gummifiguren.
In den Orten meiner Vettern und Cousinen existierten dagegen keine Spielzeugläden. Also war der Katalog die einzige Informationsquelle in Sachen Blech-, Gummi- und Plastikspielzeug. Stundenlang saßen wir über dem Katalog und suchten uns die Dinge aus, die wir meistens nie erhielten.
Groß war immer das Geschrei, wenn zwei sich für den gleichen »Stabil«-Metallbaukasten entschieden, da wir der festen Überzeugung waren, dass die Herren Quelle oder Neckermann von allen Angeboten nur ein einziges Teil besaßen.
»Mamaaaaaaa, der will den Matador-Kasten, den ich mir als Erster ausgesucht habe.«
Der Hit meiner Kindheit, den ich dann tatsächlich einmal zu Weihnachten erhielt, war eine Ritterrüstung aus ... Plastik: Helm mit Feder, Brustpanzer, Schwert und Futteral. Ich sah darin aus wie eine Bonsai-Ausgabe des St. Martin. Das Bild wurde lediglich durch die Gummistiefel etwas getrübt, die doch so gar nicht ritterlich aussahen.
Aber zurück zur Quelle – zum Katalog.
Beliebt waren besonders die Angebote des Wilden Westens: Indianerlager, Western-Forts und natürlich all die so wichtigen Figuren der Indianerstämme und der blauen Kavallerie. Die billigsten Figuren waren einfarbig, die bunten schon etwas wertvoller, und wenn man hin und wieder sogar eine Winz-Statue von Elastolin bekam, war das schon so etwas wie der Rolls-Royce unter den Apachen.

Zum Heulen nur: Fast alle Figuren hatten nur noch Rest-Pistolen in den Händen, da der hauchdünne Lauf bereits bei der ersten Schießerei abgebrochen war.
Abgebrochen, ein gutes Stichwort.
Ich breche jetzt mal meine Kindheitserinnerungen ab – sonst schreibe ich hier gleich noch über Matchbox-Autos oder Märklin-Eisenbahnen.

Herzliche Grüße nach Westfalen
Dein Hubert

Dann meldet »Lokalo« – »... vor der Basilika in Prüm ausgelost, wer als erster startet«, sagt Hubert vom Venn, »und das bin ich.«

Lieber Nicholas,

und schon wieder Hahnplatz!
Da standen wir nun im Dunstkreis der Prümer Basilika, deren Schönheit ich keinem urbanen Umfeld gönne. Du fragtest: »Gerade oder ungerade?«, ich murmelte etwas, Fritz-Peter Linden vom »Trierischen Volksfreund« rief etwas, und Du stelltest fest, dass mir das Recht der ersten Tat zufiel – will sagen: Die ersten Zeilen unseres Briefwechsels sind an mir.
Nun denn! Und schon wieder Hahnplatz!
Obwohl der Platz im Prümer Weichbild eher Dein Heim-Thing aus Bushaltestellen-Schülerzeiten ist, spielte der Fleck in meinem Leben oft eine kleine, aber feine Rolle.
Der Reihe nach: 1969 gründeten wir »Kiffing Embryo«.
Vetter Benno und ich, quasi die Köpfe dieser Newcomer-Band (das Wort gab es damals wahrscheinlich noch nicht), beschlossen, zu Fuß auf PR-Tour von Monschau nach Trier

zu gehen. Immerhin waren wir mal Sänger, Schlagzeuger, Gitarrist der kommenden Stones (im wahren Leben aber nichts davon). Ein paar Agfa-Klick oder Klack-Kleinformate mussten als Autogrammkarten herhalten:
Mädchenpensionate wir kommen!!!
Zuerst kam aber der Hahnplatz! Dort entstand das erste Foto meines Lebens mit schwarzem Hut, ein liebenswerter Tourist hatte es mir zugeschickt. Aus einem Aachener Kloster waren mir nämlich ein halbes Dutzend fast ungebrauchter Hüte »zugespielt« worden, die eigentlich für den Altkleidersack vorgesehen waren. Merke: Der Pater von Welt zieht seinen Hut kaum häufiger an als Elton John seine Socken.
Das Bild vom Hahnplatz überzeugte mich – ich bin nie wieder ohne schwarzen Hut auf die Straße gegangen.
Nur am Rande: Das Pensionat fiel aus, die beiden Mädchen, die wir in der Trierer Arena busselten, trugen Zahnspangen und haben noch lange Fan-Post an das »Kiffing-Embryo-Castle« geschickt – schön wenn Eifeler Briefträger jeden Quatsch mitmachten.
Jahre später spielte ich auf einer winzigen Bühne im Portal der Basilika beim »Prümer Sommer« einen katholischen Pfarrer (wieder mit schwarzer Kopfbedeckung) – für mich (trotz drohender Gewitterwolken über dem Schwarzen Mann) bis heute der schönste Auftrittsort meines Lebens.
Der örtliche Pastor ging übrigens zur Pause.
Und Jahre vorher war in Prüm die erste Lesung meines Lebens. Die Veranstalterin begrüßte mich mit »Ich habe Feierabend« und »Wenn Sie fertig sind, machen Sie das Licht aus, abschließen tut der Hausmeister.«
Mit meinen fünf Lesern ging ich in ein Hotel am Hahnplatz und sollte mich doch tatsächlich – war ich stolz!! – ins Gästebuch eintragen.
Auf der Seite vor mir hatte Roberto Blanco unterschrieben …

Herzliche Grüße
Hubert

Lieber Hubert,

auf ins Abenteuer also! Und Du lieferst mir mit Deinem Brief gleich mehrere Steilvorlagen in meine Biographie.
Beginnen wir doch mit dem Hahnplatz: Der war seinerzeit Start- und Zielpunkt für viele meiner Aktivitäten, ob nun sinnvoll oder nicht. Meistens eigentlich eher nicht, aber man ist ja schließlich auch nur einmal jung, zumindest auf dem Papier. Das muss ich mir wohl auch gedacht haben, als ich mich so ca. 1995/1996, mit zarten 14 Jahren jedenfalls, in die legendäre Bushaltestelle am Hahnplatz gehockt habe, um dort meine erste echte Untugend aus der Taufe zu heben: Das Rauchen. Und frag nicht wie! Ich hatte zwanzig Mark in der Tasche und acht davon sind in den Automaten gewandert. Zwei Schachteln Camel sollten es sein, frag nicht warum.
Nun gab es da eine logistische Feinheit zu klären. Meine Mutter sah, hörte und roch alles, was ich so an Unfug in petto hatte, und dementsprechend mussten die Dinger weg, weil ich genau wusste, dass sie, egal wie gut ich sie verstecken würde, irgendwann, irgendwo auftauchen und mir den Tag versauen würden. Die Zigaretten jetzt, nicht meine Mutter. Obwohl, die wahrscheinlich auch, das hätte sich wohl gegenseitig bedingt. Ganz Ökonom, der ich war, war Wegwerfen keine Option, also habe ich die erste Schachtel auf dem Hahnplatz weggezogen. Eine nach der anderen auf Kette paffend, kam ich mir vor wie der dicke James Dean der Eifel, mit Zahnspange und Topffrisur zwar, aber sonst hat das schon gepasst. Nachmittags war ich mit meinem damalig besten Freund im Eifel-Kinocenter (Hieß das damals schon so? Im Leben nicht!) verabredet und dort sollte dann die zweite Schachtel dran glauben. Mein Freund hat sich beömmelt, weil ich die Dinger nur paffte, in meinem Mund fühlte es sich auch schon seit mindestens zehn Fluppen so an, als hätte dort eine Katze gejungt und so kam mir sein Ratschlag, bei jedem Zug »Hhhh! Mama kommt!« (Hah!) zu

sagen, um den Rauch in die Lungen zu quälen und den angenehmen Nikotinrausch zu spüren, nur recht. Machte ja Sinn. Initiationsritus, Ende der Kindheit, auf der Leinwand flimmerte passender Weise »Independence Day«. Auf zu neuen Ufern! Dachte ich zumindest bis zu dem Moment, an dem dieser elende Trick zum ersten Mal wirklich funktionierte.
Auf den kurzen, nicht uninteressanten Schwindel folgte das spontane, unabwendbare Bedürfnis rückwärts zu essen, das große weiße Telefon zu schnappen und mit Jörg zu telefonieren, etc. Du weißt schon.
Was soll ich sagen? Die angebrochene Schachtel liegt eventuell immer noch unter Sitz 6, Reihe 5, ich schulde dem Eifel-Kinocenter die Grundreinigung mindestens eines Sitzes, das Ende von »Independence Day« habe ich bis heute nicht gesehen und für mindestens eine Woche habe ich nie, nie wieder geraucht.

In diesem Sinne,
Nicholas

Lieber Nicholas,

vielen Dank für Deinen Brief, der bei mir einiges in Sachen »Jugend in der Eifel« aufgewühlt hat: Aber dazu gleich mehr. Zunächst noch einige Worte zum Prümer »Hahnplatz«, der ja wohl eine zentrale Rolle in unser beider Jugend/Leben gespielt hat. Wenn unsere Vita einmal verfilmt werden sollte, und die Film-Crew es nicht schafft, einen verdammten Minensuchzerstörer in der Prüm zu wässern, sollte man die Handlung einfach unter dem Titel »Der Hahnplatz war ihr Schicksal« vor die Basilika verlegen. Schade, dass Humphrey Bogart und Lee Marvin auf der Besetzungsliste fehlen müssten …

Aber nun Eifel-Jugend! Ich arbeite mal die Themen ab, die Du aufgeworfen hast.
RAUCHEN! Es war 1966 – ich erinnere mich genau, weil ARAL damals zur Fußball-Weltmeisterschaft ein grandioses Sammelalbum veröffentlicht hatte – also im Vor-Panini-Zeitalter. Damals spielte ich – mehr mit Begeisterung, weniger mit Talent – bei der Jugend von Alemannia Aachen. Da die Tanke direkt neben dem legendären »Tivoli« lag, erhielten wir Jugendspieler gegen Vorlage des Mitgliedsausweises jede Woche ein Bild von dem freundlichen Tankwart, der uns allerdings auch Zigaretten verkaufte. Am Tag, als ich das Sammelbild von Karl-Heinz Schnellinger (als Dürener ein Peripherie-Eifeler) ergatterte, kaufte ich mein erstes Päckchen und schritt sofort zur paffenden Tat – es waren HB mit der Werbe-Ikone: »Halt mein Freund, wer wird denn gleich in die Luft gehen?«
Das tat mein ungarischer Trainer Jôzsef Fehérvári, der mir immer »Dickes Brummer, marschieren nach vorne« vom Spielfeldrand zurief. An diesem Tag musste »Dickes Brummer« zur Strafe die Fußballschuhe anziehen und auf den – ich nenne es mal so – hohen Gipfel des nahen Lousbergs »nach oben marschieren« – ich habe nie wieder eine Zigarette angerührt. Das mangelnde Talent führte mich dann sportlich wieder in die Eifel zurück. Dank Jôzsef Fehérvári habe ich viel Geld gespart/verdient – mehr als so mancher Profi in den sechziger Jahren.
KINO!
Im Kino in Hellenthal, das – wenn ich mich richtig erinnere – einfach nur »Kino« hieß, hing »unter« (sagt kein Eifeler) der Woche die Wäsche. Am Wochenende wurde ich dort unter leeren Leinen zum Indianer – der »Schatz im Silbersee« war mein erster Film. Hängen geblieben ist aber »Winnetou I«. Ich verliebte mich sofort in Marie Versini, die Winnetous Schwester »Nscho-tschi« spielte, und heulte der Oma ins Taschentuch, als der gemeine Frederick Santer (Mario Adorf) zum feigen Meuchler wurde.

Damals wusste ich noch nicht, dass der Mörder ein Eifeler war.
Ein furchtbarer Sprung: Mörder! – bei nostalgischen Erinnerungen fällt mir auch das Böse ein: In unmittelbarer Nähe des Kinos befand sich eine Fleischerei. Davor standen am 31. Mai 1962 einige Frauen zusammen – es war der Tag, an dem der Nazi-Mörder Adolf Eichmann in Israel hingerichtet wurde. Einen Satz behielt ich in Erinnerung, dessen Tragweite mir erst viel später bewusst wurde: »Dem werden sie auch noch einmal bei uns ein Denkmal setzen.« Ich kann mich nicht erinnern, dass es Widerspruch gab – die Nazi-Denkmäler in den deutschen Seelen habe ich damals sicherlich noch nicht verstanden …

Viele Grüße aus der Eifel
Hubert

Lieber Hubert,

noch ein Wort zum Thema Rauchen: Ich hätte es besser dabei belassen, dann wäre ich wahrscheinlich auch nicht in den Kreis der Verdächtigen geraten, als mein Mitschüler Pat… Gustav (Name zum Schutz geändert) beim allmittwochmorgendlichen Schulgottesdienst-Schwänzen durch eine unbedacht weggeworfene Kippe beinahe den Schuppen des Vinzenz von Paul-Gymnasiums zu Niederprüm abfackelte.
Dort sollte ich eine grandiose Bruchlandung in Sachen Schulkarriere hinlegen. Sollte Dir das V.V.P.G. kein Begriff sein: Es ist ein vom Vinzentiner-Orden geführtes Gymnasium, das wohl bis heute noch den zärtlichen Spitznamen »Knast« trägt, weil der Mär nach auf den Mauern rund um die Schule ein Stacheldrahtzaun prangte, als es anno Tuck noch ein Jungeninternat war. Ich habe dafür keine Belege und lasse das einfach mal so

stehen. Bei Beschwerden wende sich die Schulleitung doch bitte an den Verlag.
Die Patres dort trugen meines Wissens keine Hüte, zumindest nicht während der Schulzeit, was Deine Theorie zur Unversehrtheit des Geistlichenhutes ja unterstreicht. Vielleicht lässt sich also dort noch ein besonders schönes Exemplar für Dich auftreiben?! Ich lasse mal meine Kontakte spielen.
Nun ja, jedenfalls waren meine Leistungen eher im unteren Drittel, ganz klar eine Folge von akuter Unlust. Vom Latein-Unterricht wurde ich irgendwann prinzipiell ausgeschlossen, da ich große Freude daran fand, absurde Freestyle-Übersetzungen rauszuhauen, in Ermangelung an echtem lateinischen Vokabular.
Wozu hätte ich das auch nutzen sollen? Mir ist in all den Jahren weder in Prüm, noch in Trier, noch in Bitburg – und das, obwohl meine Familie da eine Gaststätte direkt an der Römermauer betreibt – nie auch nur ein einziger Typ in Sandalen und Cape begegnet, den ich mit »Marcus currit. Cornelia currit. Marcus vincit. Cornelia non vincit. Marcus gaudet. Cornelia non gaudet. Marcus victor est!« hinterm Ofen hätte hervorlocken können. Dafür bin ich mir aber relativ sicher, schon so manchem Kelten in Ferschweiler begegnet zu sein! (Auch hierfür: Keinerlei Belege.)
Das klägliche Latein-Überbleibsel war meinerzeit übrigens die erste Lektion im »Ianua Nova«-Lateinbuch. Heißt so viel wie: »Marcus läuft. Cornelia läuft. Marcus gewinnt. Cornelia gewinnt nicht. Marcus jubelt. Cornelia verständlicherweise nicht, weil sie den ganzen Tag nix anderes macht als doof rumzulaufen und jetzt auch noch gegen den selten dämlichen Marcus verloren hat, nur weil der die besseren Lederriemchen an den Schlappen hat. Marcus ist der Sieger – Wäre ich von alleine nie drauf gekommen.« Ich werde mich aller Wahrscheinlichkeit nach noch auf dem Sterbebett daran erinnern, allerdings war's das dann auch mit den Latein-Sprachkenntnissen.
Ich habe mir dann jedenfalls irgendwann selber eine Woche Zwangsurlaub verordnet, welche ich wiederum größtenteils

in der Bushaltestelle am Hahnplatz verbrachte. Ach, hab ich da viel Zeit verbracht und Dinge, die mit »G« beginnen getan. Geknutscht, einen gehoben, geraucht und eben auch eine ganze Woche lang geschwänzt. Die Einen nennen es Sturm und Drang, ich würde es eher als saudoof bezeichnen. Mir war irgendwie entgangen, dass mein Klassenlehrer wohl offensichtlich die Telefonnummer meiner Eltern kannte und sich auch nicht zierte, sie zu nutzen. Mein Vater hat mich dann irgendwann eingesammelt, einen Tag später wurde mir nahegelegt die Schule zu wechseln, und das Ergebnis war dann eine mittelprächtige mittlere Reife.
Was hätte ich mit dem Abitur nicht alles anfangen können? Hirnchirurg werden! Raketenforscher! Experte für Flugautos! Ich zog die nächstbessere Option und begann, ironischerweise, eine Ausbildung zum Erzieher.

In diesem Sinne,
Nicholas

Lieber Nicholas,

Oh Gott, Schule. Auch bei mir war mit der sogenannten »Mittleren Reife« mit viel Dusel Schluss. Die »Münchener Lach- und Schießgesellschaft« ist schuld, dass ich zum Schulgelangweilten wurde. Nein, nein, nicht direkt das Theater – vielmehr Gründer Sammy Drechsel. Der hatte das Fußballbuch »Elf Freunde müsst ihr sein« geschrieben, in dem sein Held Heini Kampke (Drechsel hieß mit bürgerlichem Namen Karl-Heinz Kampke) direkt nach der »Volksschule«, wie es damals hieß, Volontär, dann Redakteur und Journalist wurde. Pah, warum also unnötige Zeit mit Schule und vor allen Dingen diesen Lehrern vertun? Volksschule, die damals schon Hauptschule hieß, hatte ich auch – warum also nicht gleich

Journalist werden. Allerdings quälte ich mir noch eine mittlere Reife rein, von der Karl Dall behauptet, dass sie nach ihm benannt ist. Und dann – für die Journalisten-Ausbildung war ich zu jung – habe ich mich noch zwei Jahre durch eine Lehre bei der »Barmer Ersatzkasse« gequält – wohl die schlimmste Zeit meines Lebens.

Und dann kam Konrad Simons, Chefredakteur der »Aachener Volkszeitung« (das Volk wurde inzwischen gestrichen). »Conny«, wie wir ihn hinter seinem Rücken nannten, hatte mehrere Eigenschaften: Konservativ bis in die Knochen, liebenswürdig bis zum Gehtnichtmehr und ein Faible für junge Berufseinsteiger: Auf einem abgestellten Tisch im Redaktionsflur las er meinen Schüler-Reisebericht (Moskau!) und sagte in seinem Düsseldorfer Dialekt: »Jong, aus Dir mach isch nen Journalisten!«

Mit diesem Satz hatte sich für mich das Thema Abitur dann endgültig erledigt – ich war mit meinem Latein am Ende, bevor es überhaupt angefangen hatte. Mit einer Sondererlaubnis und der Unterschrift meines Vaters, da noch nicht volljährig, wurde ich Volontär und später Redakteur.

Sammy Drechsel blieb in meinem Herzen und als sich unter einem späteren Chefredakteur (»Sie sind Satiriker, wissen es bloß nicht!« – das sollte kein Kompliment sein) unsere Wege trennten, kam für mich bald auch das Kabarett – wie bei Sammy Drechsel. Ich hätte ihn gerne einmal kennengelernt – aber immerhin hatte ich das Glück, tief in der Eifel, bei meinem türkischen Freund Ali Gümüsch in dessen »Zaunkönig« in Alzen einmal den großen Dieter Hildebrandt nach einem Auftritt in meinem Theater zu treffen. Wir haben sehr lange über »Elf Freunde müsst ihr sein« geredet …

Dich, mein Freund, grüße ich herzlich, auch wenn ich sicher bin, dass ich Dich in diesem Leben nicht mehr für Fußball begeistern kann. Erzähl doch bitte noch, was Dir nach der Schule drohte. Ich hoffe nicht, die Barmer Ersatzkasse!

Hubert

Lieber Hubert,

mein Vorpraktikum machte ich im schönen Jünkerath, in der Jugendbildungsstätte Don Bosco, und es war ein ganz fabelhaftes Jahr, auf das ich sicherlich noch häufiger zurückkommen werde. Eine kleine Anekdote soll Dir aber schon jetzt als verspäteter Trost für die misslungene Mädchenpensionats-Tour mit Kiffing Embryo dienen, lieber Hubert.
Ich war nämlich gerade 18, als sich zwei Abschlussjahrgänge der Ursulinenschule in Düsseldorf zu Schulendtagen ankündigten. Zum besseren Verständnis: Das ist eine reine Mädchenschule. Sechzig (!) 16- bis 18-jährige (!) Mädels und ich mittendrin, in der Blüte meiner hormonellen Wirrungen. Eine ganze Woche lang im Traumland jedes endpubertären Knilchs! Vermeintlich.
Ich wusch mein bestes Outfit, ich besaß so ca. zweieinhalb davon, rasierte mir den Flaum von der Oberlippe, spannte neue Saiten auf die Gitarre und besann mich meiner besten Fähigkeiten, wenn es darum ging, das schöne Geschlecht zu bezirzen: Ich konnte singen und ich konnte so tun, als würde ich sie verstehen.
Was sich herausstellen sollte: Nein, ich konnte nicht! Ich war völlig überfordert, hilflos und verlassen. Wie in Dantes »Göttlicher Komödie« irgendwo im zweiten Höllenkreis, da wo die Lüsternen einen auf den Deckel kriegen. Zu viel des Guten und der Beweis, dass die Sache mit den Chromosomen doch irgendeinen tieferen Sinn haben muss. Um Missverständnissen vorzubeugen: Nicht etwa, dass ich eine abbekommen hätte.
Nach einer Woche war ich jedenfalls dem Nervenzusammenbruch nahe und dachte ernsthaft über ein Leben im Orden nach. Dass daraus nix geworden ist, wissen wir ja beide. Und was wir auch beide wissen: Wenn's die Richtige ist, dann reicht eine voll und ganz! Kein Grund zum Grämen also.

Sollte Dich dennoch einmal der Hafer stechen und das Bedürfnis, Deine musikalische Karriere wieder aufzunehmen, dann haben wir ja immer noch unser streng geheimes Projekt »Die Eifeler Volkswaisen« mit Fritz-Peter Linden in der Pipeline. Sollte der beim Trierischen Volksfreund zu stark eingebunden sein, schlage ich ein Duo vor. Gitarre und Triangel. Das ganze nennen wir dann »Zwei chlorbleiche Halunken«.
Aber wo wir schon beim Thema sind. Wie Du aus unserem letzten Telefonat weißt, habe ich mir ein Exemplar von »Hühnchen explodieren am Horizont« von der Knotenpöhler Band bei eBay geschossen. Wie es genau dazu kam, das würde mich dann doch brennend interessieren!
Ich warte gespannt auf Deinen nächsten Brief. Gehab Dich derweil wohl und hab, wie der Westfale zu sagen pflegt, eine charmante Zeit.
Westfalen? Da war doch was!

Beim nächsten Mal!
Herzlichst,
Dein
Nicholas

Lieber Nicholas,

oh ha – dann also die Geschichte der »Knotenpöhler-Band« und »Hühnchen explodieren am Horizont«.
Ich muss etwas ausholen – zunächst zu dem bescheuerten Namen Knotenpöhler. Ich lag an einem Samstagmorgen 1980 mit meiner damaligen Freundin völlig friedlich in der Endschlafphase, da klingelte das Telefon – das war zu meiner Zeit ein grüner Kasten mit Wählscheibe und einer meterlangen Schnur bis zum Bettrand. Da man damals – ich heute noch nicht – den Anrufer nicht erkennen konnte, fluchte ich

und wähnte meine Zeitungsredaktion, die mich zu Mord oder Totschlag schicken würde.
Es war aber der Belgische Rundfunk, Morgenmoderator Knut Kuckel – ach, der stammte übrigens auch aus Prüm. Knut hatte in seiner Sendung eine Rubrik, in der Menschen das Wetter voraussagen. An diesem Morgen sollte das irgendeine Managerin von irgendeiner Miss Germany sein, die aber nicht ans Telefon ging. Er brauchte daher in zehn Minuten einen Ersatz. Meine ersten Argumente überspringen wir, sie waren zur nächtlichen Stunde (immerhin Samstagmorgen, 8.10 Uhr) nicht gerade freundlich. Doch Knut ließ nicht locker. Da ich dies aber nicht unter meinem richtigen Namen machen wollte, schlug ich vor, dass ich Klaus-Dieter Knotenpöhler sei, Bauer irgendwo aus Friesland. Wie ich auf den Namen kam, weiß der Teufel oder die landwirtschaftliche Vereinigung von Friesland …
Danach dachte ich erstmal an nix.
Als Knut Kuckel dann live aus der Sendung anrief, redete ich in einer Sprache, die ich für Friesen-Dialekt hielt (wenn die mich damals auf eine Todesliste gesetzt hätten, wäre das gerechtfertigt gewesen), ungefähr dieses: Einmachglas, Frosch rein, Kuhdung drüber, schütteln – wenn Frosch überlebt – gutes Wetter. An der Stelle hätte gerechterweise auch die Todesliste der Tierschützer hinzukommen müssen. Knut dankte, meine Freundin sagte: »Jetzt bin ich wach«, und nach dem Frühstück bei Kiffanie war die Sache vergessen.
Um 10 Uhr rief Peter Thomas, der damalige Chefredakteur des Belgischen Rundfunks an:
»Das machst du jetzt jeden Samstag!«
Bleib mal am Brief, ich muss mal eben in meine Bio schauen.
Da bin ich wieder:
Sechs Jahre lang habe ich dann den Samstagkasper gemacht, wechselte dann zum WDR, wo der Bauer Knotenpöhler zu Hubert vom Venn wurde und endlich seinen richtigen Dialekt sprach. Aber das ist eine andere Geschichte.

In der Blüte der Knotenpöhler-Zeit – damals in Ostbelgien eine bekannte Person, die keiner kannte – arbeitete ich als Journalist an einer Serie über Titelhändler und Scheinstaaten und stieß auf das »Fürstentum Sealand« – ein vor sich hin rostender Flakturm der Engländer außerhalb der Dreimeilenzone. Irgendwelche Menschen hatten diesen Turm besetzt, zum Staat erklärt, Münzen geprägt (aus Silber sogar), Briefmarken gedruckt und einen österreichischen Geiger, der behauptete, Anton Elsner zu heißen und Ritter vom Orden »Cordon Bleu Du Saint Esprit 1579« zu sein, und eine Kneipe im belgischen Eynatten besaß, zum Kultusminister gemacht.
Und genau dort wurde die Schnapsidee geboren:
»Wir gründen die ›Knotenpöhler-Band‹ und nehmen am ›Grand Prix de la Chanson‹ teil«. Immerhin waren wir die Sieger der nicht stattgefundenen Vorausscheidung auf Sealand.
Väter des Gedankens waren die beiden BRF-Musikredakteure, Walter Eicher (studierter Kirchenmusiker) und Hans Reul (studierter Posaunist), und ich (studierter Nix). Aus der Aachener Musikszene kamen noch die beiden Gitarristen Ulli Pesch und Jens Hektor sowie der Schlagzeuger Ernst Reich dazu.
Fehlte nur noch ein Titel. Und daran schien die Sache zu scheitern.
Ein Glück, dass ich Geburtstag hatte!
Theo Jörgensmann, damals einer der besten Free-Jazz-Klarinettisten der Welt (schau mal auf seine Wikipedia-Seite), tauchte mit seinem Schlagzeuger und meinem Freund Dionys Kube auf und der Frage: »Dürfen wir einen Kumpel mitbringen?«
Dieser Kumpel war Achim Konejung, der sofort mein Freund und 32 Jahre später mein Kabarett-Partner werden sollte.
Achim hatte gerade die »Eddy-Elend-Show« gegründet und suchte Auftrittsorte.
Bitte denke jetzt nicht: »Hatten die damals alle einen an der Klatsche?!?«

Wenige Meter von meiner Redaktion – ich arbeitete damals in der Bergbaustadt Alsdorf – hatte Balou (später Manager von BAP) eine tolle Musikkneipe, in der sogar die »Ramones« einmal aufgetreten sind. Balou holte die »Eddy-Elend-Show« in seinen Laden und dort hörte ich – auf Plastik-Saxophonen gespielt – dann »Hühnchen explodieren am Horizont«.
Dass musste der Siegertitel sein.
Ernst Krichel, ein wohlwollender Studio- und Label-Besitzer aus Bottrop, gab uns (wahrscheinlich aus Mitleid) einen Plattenvertag und der geigende Kultusminister reichte den Titel bei der Eurovision ein (siehe Anhang) – der Brief mit den Sealand-Briefmarken musste dazu in einen Umschlag mit belgischen Briefmarken gesteckt werden.
Die Ablehnung kam postwendend aus der Schweiz. Begründung: Sealand habe keine eigene TV-Station und sei somit auch nicht Mitglied der Eurovision – leider ist dieser Brief, genau wie sein Empfänger Elsner, irgendwann verschwunden.
Nun gut, Sieger wurde schließlich eine Nikkoll (wie man das in Ostbelgien ausspricht) mit »Ein bisschen Frieden«. Nach einer Protestresolution an alle deutschen Sender, die ich Dir als Beilage mitschicke, hatte ich eine Fülle von Radio-Interviews am lügenden Halse – was habe ich für einen Quatsch erzählt, wir haben uns schlapp gelacht.
Tja, lieber Nicholas, das war die Geschichte der »Knotenpöhler-Band«, die dann sogar noch eine LP nach allen Regeln der Erfolglosigkeit veröffentlichte.
»Hühnchen explodieren am Horizont« ist heute die Zugabe bei jedem Auftritt von Achim Konejung (der war übrigens der »Commander« in dem Kultfilm »Superstau«) und mir …
Die spinnen, die Eifeler! Ja, das tun wir und zwar aus voller Brust und auch sehr gerne.
Sorry, dass ich so tief in die Kiste der Nostalgie gegriffen habe.

Ich grüße Dich herzlich
Dein Hubert

Lieber Hubert!

Ich selber bin ja schon von Berufs wegen Nostalgiker. Das hat zwar zur Folge, dass meine Frau bei jedem neuen Lied über gebrochene Herzen zunächst das Ende unserer Ehe zwischen den Zeilen liest und dann mittelmäßig begeistert ist, wenn ich ihr erkläre, dass es sich hierbei zwar sehr wohl um Erfahrungswerte, allerdings nicht um spezifische Elegien auf Verflossene handelt. Ist ja irgendwie auch doof, wenn die Beziehungsgeschichten der letzten 20 Jahre permanent in Worte gefasst werden müssen. Noch blöder wäre es allerdings, Ehestress zu forcieren, um ein bisschen den leidenden Künstler in mir zu wecken. Soweit ich weiß, lässt sich das auch nicht von der Steuer absetzen und da hört dann generell bei mir der Spaß auf.
Aber ich schweife ab. Ich wollte auch nostalgisch werden! Meine Generation kennt den Ober-Unterdorf-Battle (oder Beef, wie es der ganz Neudeutsch-Affine nennen würde) noch ganz genau. Ich, als gebürtiger Unterdörfler, hatte da nur zwei Probleme: Zunächst einmal liegt meine alte Heimat Daleiden am Hang. Als dickes Kind habe ich mir so manches mal einen Sherpa oder zumindest ein Muli gewünscht, wenn ich ins Oberdorf wollte. Mein Fahrrad hatte zwar eine Gangschaltung, mir gehen also sämtliche Entschuldigungen Marke »Wir hatten ja nix« verlustig, aber es mangelte eklatant an Motivation. Punkt zwei: Ich habe bis heute, in 34 Jahren Lebenszeit, noch nicht verstanden, wo genau die Grenze zwischen Ober- und Unterdorf verläuft. Da gab es keinen Todesstreifen, keine grüne Grenze und ich befürchte, dass ich durchaus einige Freunde aus dem Oberdorf hatte.
Memo an uns: Ich glaube, wir müssen eine Art Eifel-Glossar anhängen, in dem die Begrifflichkeiten erklärt werden. Ich habe eben mal repräsentativ umgefragt und nur hochgezogene Augenbrauen für »Oberdorf« geerntet.

Selbiges gilt für Kappes-Tiertisch und diese grünen Knödel, die meine Nachbarin so unfassbar lecker in gesundheitsbedenklichen Mengen ausgelassenen Specks anbriet. Tjift, mir fällt der Name nicht mehr ein! (Tjift versteht jetzt auch wieder kein Mensch!)

Herzlichst,
Dein Nicholas

Lieber Nicholas,

Oberdorf gegen Unterdorf – eine tolle Steilvorlage, da rufst Du bei mir auch so einiges in Erinnerung. Denn in Hellenthal, wo ich auch einmal lebte (Zöllner-Sohn), war das – lass es mich mal so nennen – ein wöchentliches Event.
Ich weiß nicht, wie pazifistisch Deine Generation in Daleiden eingestellt war – wir hatten auf jeden Fall sehr viel Schlachtenlärm im Hirn.
Gut, nachdem wir »Der Schatz im Silbersee« im Dorfkino gesehen hatten, in dem an Wochentagen die Wäsche aufgehängt wurde, war es fast schon logisch, dass wir uns als – wie sagten wir? – »Cowboys und Indianers« verkleideten und durch den Eifeler Tann hetzten.
Handylos, versteht sich … dafür aber immer die trommelnde Hand für ein fröhliches Kriegsgeschrei auf den Lippen.
Ich wechselte dabei oft verräterisch die Fronten zwischen Weiß und Rot – mal war ich Lex Barker, mal Pierre Brice (gut, der war nicht wirklich ein roter Mann, sondern vielmehr Franzose). Und beide liebten wir Marie Versini.
Das war unsere bunte cineastische Phase, aber es gab auch noch ein Leben in Schwarz-Weiß – sprich Fernseher.

Nach »Bonanza« am Sonntagnachmittag mussten Hut, Pistolengürtel und Knallblättchen her. Zum Freund der Weißen machten mich, jetzt greife ich tief in die Nostalgie-Kiste, »Big Valley« mit Linda Evans und »Rauchende Colts« mit »Festus«, der erst durch die deutschen Synchron-Albernheiten zu meinem absoluten Liebling wurde. Sein Pferd (es war mehr ein Maultier) hieß nämlich »Klaus-Dieter« – bis zum heutigen Tage nenne ich jeden Hund so. Prägend für mein Weltbild der Amerikaner waren auch »Am Fuß der blauen Berge« mit Robert Fuller, dessen Bravo-Starschnitt ich heute noch habe, »High Chaparral« mit der Sackpfeife Manolito sowie der vornehme »Yancy Derringer« mit der gleichnamigen Kleinstknarre. Nicht zu vergessen: »Union Pacific« – da habe ich immer noch die Titelmelodie im Kopf.
Keine Frage, mit Vietnam und Che Guevara änderte sich meine Einstellung zu Amerika – da war ich aber auch schon aus den Mokassins rausgewachsen.
Denn im letzten Abschnitt meiner Kindheit war ich immer Indianer – allerdings ohne freien Oberkörper, da ich schon damals zu der Figur neigte, die mein späterer Trainer »Dickes Brummer« nennen sollte. Die ewigen Jagdgründe blieben mir auch erspart – allerdings hätte ich fast ein Auge verloren.
Und das kam so: Pfeil und Bogen bauten wir aus geraden Ästen. Ein dickerer Ast wurde mittels Paketschnur zum Bogen, in dünnere Äste, die als Pfeile dienten, steckten wir vorne Nägel, deren Köpfe wir abgeknipst hatten.
Ich schwöre – die blieben in jeder Holzwand stecken. Aus Indianerübermut schoss ich so einen Pfeil einmal gerade in die Luft, schaute in die Sonne und Sekunden später steckte der Pfeil in meiner Schläfe – die Narbe ist heute noch zu sehen. Blutüberströmt machte ich mich auf den Heimweg und behauptete, ich sei in einen Ast gelaufen. Gut, der Ast war mehr in mich gelaufen, aber sonst war nichts gelogen.
Ständiger Begleiter bei diesen Abenteuern war mein Hund »Lux«, der allerdings nie begriff, dass ich ihn »Hector« nach dem treuen Begleiter von »Lederstrumpf« nannte. Dessen

Ausruf »Der Hund ist treuer und zuverlässiger als mancher Christenmensch« habe ich immer noch in Erinnerung – auch wenn heute Katzen meine Freunde sind.
Weit vor den Cowboys und Indianers trat Ritter »Ivanhoe« in mein Leben – allerding in der Serien-Fassung mit Roger Moore und nicht als Film mit Robert Taylor. Wenn ich mich richtig erinnere, lief »Ivanhoe« immer am Samstagnachmittag – die Bundesliga wurde erst ein Jahr später gegründet. »Ivanhoe« schlug uns alle zum Ritter. Es war die Zeit, als überall in der Eifel die beliebten Schlachten »Oberdorf gegen Unterdorf« – Du hast mich auf dieses Thema gebracht – angezettelt wurden. Es gab wahre Künstler unter uns, die aus dicken Stämmen die wunderbarsten Schwerter schnitzen konnten – Excalibur war ein Besenstiel dagegen. Gut, bei den Helmen griffen wir auf die Schutzhauben zurück, die regelmäßig beim Feuerwehrfest ausgemustert wurden.
Einen prächtigen Brustpanzer, auf den wir neidisch wie eine Natter stierten, hatte nur einer im Dorf: der Sohn vom St.-Martin-Darsteller. Doch dessen Vater soll ihn, so ging das Gerücht um, sehr schnell entmilitarisiert haben. Wir anderen hatten Panzer aus Pappe mit irgendwelchen Wappen aufgeklebt. In der großen Pause erfolgte zu jener Zeit regelmäßig die Kriegserklärung und am Nachmittag trafen wir uns auf einer großen Wiese, um lustig mit den Holz-Schwertern aufeinander loszugehen.
Gewaltforscher gab es damals noch nicht!
Kurzum, »Oberdorf gegen Unterdorf« führte oft zu erschreckenden Ausfällen im Schulunterricht: Brüche, Prellungen, Platzwunden und Gehirnerschütterungen waren an der Tagesordnung, da doch einige wie die Irren aufeinander eindroschen.
Nach dem Formel-1-Tod des Rheinländers Graf Berghe von Trips begeisterten wir uns nur kurz für den Rennsport und bauten mit alten Kinderwagen-Rädern die abenteuerlichsten Kisten, die meistens mangels Steuerungssystems mit einer Schnur gelenkt wurden. Da dies nur sehr verlangsamt ging,

wurde so manche Böschung unser Schicksal – das Ergebnis war ähnlich der Schlacht auf dem Dorfanger.
Gott sei Dank wurde 1963 die Bundesliga gegründet – die Schlacht »Unterdorf gegen Oberdorf« wurde nun mit viel weniger Verletzungen auf den Fußballplatz verlegt. Nun hießen unsere Helden Uwe Seeler, Friedhelm Konietzka (der schoss das erste Tor der neugegründeten Bundesliga), »Emma« Lothar Emmerich und Radi Radenkovic und alle Kölner Spieler.
Streit gab es nur vor dem Spiel in einer Frage:
Wer durfte der Eifeler Lieblingsclub, der 1. FC Köln sein, und wer musste als Schalke auflaufen? Trikots hatten wir nicht – ein blaues und ein rotes ungewaschenes Hemd waren immer im Keller versteckt.
Ich nannte mich damals Leo Wilden – aber das sagt nur noch Insidern etwas.
Da unsere Fußballbegeisterung bald den Hellenthaler Fußballplatz in der Nähe des Schwimmbads in starke Mitleidenschaft zog, war Fußball für Nicht-Vereinler bald nicht mehr zugelassen. Also bauten wir uns Stangen im Garten – das Müngersdorfer Stadion hatte ein schweres Gefälle.
Wir kennen uns ja jetzt schon einige Zeit, aber Fußball war in Deinem Garten wohl eher nicht angesagt?

Ich grüße Dich herzlich
Dein Hubert

Lieber Hubert,

mein großes Glück war jedenfalls, dass wir einen unfassbar weitläufigen Garten hatten, in dem es sich hervorragend spielen ließ. Der hat für jegliche Form von schwerer bis leichter Verletzung alles geboten, man konnte ganz hinten im Eck zelten und wähnte sich schon fast in der Wildnis. Und es gab einen überdurchschnittlich großen Teich, wegen dem meine Eltern nicht müde wurden zu predigen, dass ich mich bloß davon fern halten solle. Aus guten Gründen natürlich. Wer war allerdings in all den Jahren, bei all den Kindern, Jugendlichen und später dann lattenstrammen Jugendlichen der einzige, der jemals hineingefallen ist? Richtig, mein Papa.
Der war dann auch tatsächlich für ein paar Sekunden unter Wasser und kam am Ende mit nur noch einem Schlappen am Fuß wieder raus. Das gab mir zu denken. Die gemeine Adilette schwimmt ja eigentlich wie ein indisches Tonnenfloß, aber diese sollte verschwunden bleiben, bis zu dem Zeitpunkt, gut 3 bis 8 Jahre später (mit Zeitgefühl hatte ich es noch nie so), als sie mit leicht schlürfendem Geräusch wieder an die Oberfläche trat. – Wie neu.
Wirklich, man hätte sie sofort wieder anziehen können.
Macht ja aber keiner. Wie dem auch sei, ich muss davon ausgehen, dass am Grunde unseres Teiches ein einbeiniges Viech prähistorischen Datums hauste.
Das Gegenteil wurde nie bewiesen.
Aber das sollte nicht das größte Rätsel meiner Kinder- und Jugendzeit bleiben.
Nein, genau genommen hast Du meinen wundesten Punkt, meine Achillesferse, schon angesprochen:
Fußball!!!

Aber dazu demnächst mehr,
Dein Nicholas

Lieber Nicholas,

ist das die berühmte Prümer Sandale? Gut, ich werde hier nicht weiter auf Fußball eingehen, erlaube aber ein paar Gedanken zum oft bespöttelten Eifeler Vereinsleben.

Auch wenn man gerne über die Eifeler Vereinsmeier lästert, die oftmals von einer Seite ihre Haare über die Glatze kämmen, um diese damit tafftwetterfest zu kaschieren, steht doch eins fest:

Ohne Vereine und die ganzen Ehrenamtler würde in der Eifel noch mehr im Argen liegen.

Bei uns waren natürlich noch die Fußballvereine der Renner. Aber das ist schon lange nicht mehr der Fall.

Inzwischen müssen sich viele Dörfer und einst »befeindete« Klubs zusammenschließen, um überhaupt noch eine Mannschaft im Jugend- oder Seniorenbereich auf die Beine stellen zu können.

In den sechziger Jahren habe ich neben dem Fußball gleich mehrere Vereine ausprobiert:

Toll war es im Hellenthaler Bastelclub, gibt es wohl auch nicht mehr, der von dem schwer gehbehinderten »Herr Geschwind« geleitet wurde. Die Basteläume waren in der Schule, die liegt auf einem Berg. So warteten wir, bis der allseits beliebte Georg Geschwind mit seinem altmodischen Rollstuhl von zu Hause oder direkt aus den »Schöller-Werken« kam, um ihn dann mit Gejohle auf den Schulberg zu schieben.

Aus Luftschlangen, die wir stundenlang wickelten, bastelten wir Obstteller, aus den Mittelstücken von großen Tesa-Rollen Vogelhäuschen – die Hauptsache waren aber Modellflugzeuge. An erster Stelle »Der kleine Uhu« aus Balsaholz und mit Flügeln, über die Papier gezogen und mit Spannlack behandelt wurde.

Als »Abschussrampe« dienten die hohen Berge um Hellenthal oder das »Tempelchen« bei Schleiden – die Suche nach den Fliegern war allerdings dann doch oft sehr beschwerlich, einige tauchten niemals wieder auf. Als im Bastelclub dann die ersten Seifenkisten-Aktionen begannen, zog ich leider weg. Ich besitze aber immer noch ein Modell, das die Firma Opel mit Bremsen, Rädern, Lenkung und Abdeckung zum vergrößerten Nachbau zur Verfügung stellte.
In Hellenthal war ich auch Pfadfinder – Wölfling genauer, bei den katholischen »Sankt Georgs«-Pfadfindern – von nicht-kirchlich-gebundenen Pfadfindern »Schorschies« genannt. Ich habe gerade nach 55 Jahren noch einmal meinen Wölflingsausweis rausgekramt. Da steht schon starker Tobak drin, wie man sich in der Meute oder Akela (keine Ahnung, was das ist) zu verhalten hat und natürlich eine Auflistung der zu erledigenden guten Taten.
Allerdings hielt der Wolf sich nicht daran.
Er sammelte Geld für die Wölflings-Uniform ein, wir freuten uns wie die Waffenrocksüchtigen darauf und erfuhren dann irgendwann, dass der Wolf das Geld veruntreut hatte und auf dem Weg gen Fremdenlegion irgendwo geschnappt worden sei.
Die Wölflinge kamen nie wieder zusammen.
Früher privat, später Pirat.
Die späteren Pfadfinder-Aktivitäten wären bestimmt nicht im Sinne von Robert Baden-Powell gewesen, denn – meistens um die Pfingsttage – schlossen wir uns zu losen Gruppen zusammen, um »Schorschies«-Lager zu überfallen und die Fahne zu klauen.
»Überfallen«, ein großes Wort.
Eine Fahne haben wir nie geklaut, lediglich eine siegreiche Gewinnertat ist mir in Erinnerung geblieben.
Auf dem Weg zu einem Zeltlager, der wohl offensichtlich von vielen Gassi-Gehern genutzt wurde, sammelte ein pfiffiges Kerlchen alle Hunde-Hinterlassenschaften in einer ehemaligen Dose für Brühwürstchen ein. Scheinheilig, mit

etwas Wasser versehen und einem herumliegenden Löffel schnell umgerührt, wurde die Dose heimlich auf das Lagerfeuer gestellt.
Der Gestank war sehr bald flächendeckend und hat auch uns – ohne Fahne – vertrieben …
Ach ja, da war dann auch noch der Gitarrenclub, den ich leider nur einmal besuchten konnte, da meine Eltern sich strikt weigerten, mir eine Gitarre zu kaufen. Allerdings hat wohl keiner der Gitarrenbesitzer aus dieser Gruppe jemals auch nur eine kleine Karriere gemacht. Unter den zehn besten Gitarristen der Welt – wie Jimi Hendrix, Eric Clapton, Jimmy Page und B. B. King – befindet sich kein einziger Eifeler.
Damit war für mich dann auch – leider, leider – das Thema Musik erledigt.
Vielleicht war es auch besser so.
Später versuchte ich mich – da wohnten meine Eltern an der Eifel-Peripherie – beim heute noch renommierten »SV Neptun« als Kunstspringer vom Dreimeterbrett. Ein heftiger Rückenklatscher der übelsten Art ließ dann auch hier die Lust auf Vereinsleben schwinden.
Auch ohne Sonnenbrand lässt Haut sich nämlich abziehen …
Wieder in der Eifel landete ich dann im Theaterverein »Concordia«, der mich nicht nur bei »Schneeweißchen und Rosenrot« zum Prinzen machte, sondern auch irgendwie zum Journalisten. Frisch zum Schriftführer gewählt, schrieb ich einen Bericht über die Jahreshauptversammlung, da kein Mitarbeiter der örtlichen Lokal-Redaktion erschienen war. Als ich den Artikel zu den damals noch zwei Monschauer Tageszeitungen brachte, fragten mich Walter Linzenich und Dieter Münker, ob ich nicht freier Mitarbeiter werden wollte. Wahrscheinlich weniger wegen der Qualität, sondern vielmehr ob der verschwiegen kleinen Masse an Mitarbeitern …
So machten die »Concordia« und der Prinz, der »Rittersporn« hieß, mich zum Journalisten.

Aber das ist eine andere Geschichte und hat mit dem Eifeler Vereinswesen nur noch am Rande zu tun.
»Vereinswesen am Rande« – meine heutigen Kollegen werden mich für diesen Satz steinigen …

Soviel für heute
Dein Hubert

Lieber Hubert,

Fußball!!!
Ich verstand nie etwas davon, verstehe noch nichts davon und werde es wohl auch nie tun. Das ging so weit, dass ich meine Oma als Jungspund dazu überredete, beim »Schuhhaus Müller« in Daleiden Stollenschuhe für mich zu kaufen, weil ich die halt echt schick fand. Dass das Fußballbekleidung war, war mir völlig unbekannt, aber das Schuhwerk erwies sich in unserem Mammut-Garten als durchaus praktisch. Ein Mangel an Praktikabilität zeigte sich allerdings, als ich damit über den Schulflur der Grundschule eiern musste.
Stollen und Kunst-Marmor sind keine gute Kombination.
Krummbeinige Jungs in Stollenschuhen auf Kunstmarmorfußböden – der übrigens wie das aussah, was man gemeinhin als »Schlimmeaugenwurst« bezeichnete – und ältere Hauptschul-Jungs – die Schule in Daleiden war ein Zusammenschluss aus Grund- und Hauptschule – auch nicht.
Ich war das Gespött der Jungs und für's Mitleid der Mädchen reichte es nicht.
Selbstgewähltes Elend.
Es begab sich also, dass ich eines Tages vor lauter Frust über die Häme einem älteren Schüler eine Schelle verpasste. Das verwirrte ihn dermaßen, dass mir die Zeit für eine Flucht blieb, die mich, in Anbetracht des erwähnten Schuhwerks, wahr-

scheinlich wie eine hysterische Frau mit Stöckelschuhen aussehen ließ, die gerade dem abfahrenden Zug hinterherläuft.
Ich fahre ja oft und gerne Zug. Unter anderem wegen hysterischer Damen in Stöckelschuhen, die ernsthaft der Meinung sind, dass sie einen abfahrenden Zug durch wildes Winken, hysterisches »Stooooohhoooppppp«-Rufen und dann, in letzter Instanz, verrenkte Knöchel aufhalten können.
Köstlich. Ich schweife ja schon wieder ab.
Wie dem auch sei, ich entkam dem Grobian, erinnere mich aber an eine Begebenheit auf dem Schulhof, die ich grob und knapp mit den Worten »Vollspann« und »Hodensack« zusammenfassen möchte. Dabei belasse ich es dann auch. Ich möchte nicht zotig werden und dem männlichen Leser zieht's wahrscheinlich eh schon bis in die Zähne. Die Rache kam jedenfalls verzögert und gewaltig.
Da ich ja aber mittlerweile Vater bin, kam es aber wohl nicht zu bleibenden Schäden. Hah! Nimm das, Du Luftpumpe! Das und die Tatsache, dass Du sicherlich immer noch doof wie zehn Reihen Kartoffeln bist und ne hässliche Frau und genauso doofe Kinder hast!
Aber zurück zum Thema. Was war das noch gleich?
Fußball!
Hier möchte ich mich kurz fassen, da ich diese Schmach nicht noch einmal über mich ergehen lassen möchte. »Dickes Brummer« traf nicht nur auf Dich zu, lieber Hubert. Ich wurde am Bolzplatz immer zuletzt gewählt und dann mitleidig ins Tor gestellt, welches ich ob meines Formats zu großen Teilen ausfüllte. Gut, dass ich mich zu dieser Zeit noch nur geringfügig für das schöne Geschlecht interessierte, denn mit meiner kläglichen Performance ließ sich kein Blumentopf, geschweige denn ein Mädchenherz gewinnen. Später dann sollte die Sache anders aussehen. Mit der Gitarre in der Hand, den größten Hits der 90er im Kopf und einer jeglicher Beschreibung spottenden Topffrisur hatte ich zwar immer noch keine Chance, entsprach aber zumindest in einigen Parametern dem Beuteschema der holden Weiblichkeit und mit irgendwie ca. fünfzehneinhalb sollte ich dann tatsächlich den ersten Kuss erleben. Ein recht

feuchtes Scharmützel aus jugendlichen Inkompetenzen und so im Nachgang sicher kein Thema für Herz-Schmerz-Arien, aber immerhin.
Leider fand dieser Meilenstein nicht im schönen Daleiden statt, dafür aber so ziemlich alles andere, was eine Jugend so ausmacht.

Herzlichst,
Dein Nicholas

Lieber Nicholas,

habe mir als Osterlektüre die Biografie von John Cleese gekauft, der von Monty Python. Merke dabei – und sicherlich auch an dem Briefwechsel mit Dir –, dass wir alten Männer, die ihre Zukunft schon hinter sich haben, doch verdammt gerne aus unserer Kindheit schwadronieren. Vielleicht empfinden ja andere auch so – daher habe ich für das neue Programm »Scher dich zur Eifel!«, das ich ab nächste Woche mit Achim Konejung spiele, auch so einen »Rückblick in 500 Sekunden« geschrieben.
Früher war alles viel schlechter!!!
Ja, es ist sogar ein Wunder vor dem Herren, dass es mich und die Menschheit (gut: die Menschheit und mich, also alle, die vor 1960 geboren sind) überhaupt noch gibt.
Wenn ich in meiner Kindheit im »Konsum« einen Joghurt bekam, habe ich den – auf solche Ideen kamen die Menschen damals – doch sogar gegessen. Heute bringe ich den Joghurt weit vor dem Ende des Verfallsdatums ins Geschäft zurück, erhalte für den ungeöffneten »Erdbeer-Nuss« eine Abwrack-/ Abspeckprämie und kaufe mir wieder einen neuen Joghurt, den ich aber dann auch nicht esse – das ist wirtschaftlicher

Fortschritt. Welche Gefahren lauern doch in so einem Milchprodukt ... Ich sage nur BSE, Streptococcus thermophilus und Lactobacillus bulgaricus – das alles trieb sich früher in unserem Gedärm rum. Und wer will schon einen Bulgaren in der Darmflora haben???

Es ist also nur ein Zufall, dass unsere Generation überlebt hat.

Bleiben wir bei der Milch, mit der sich meine Generation nur durch Zufall nicht selbst in den Orkus gemolken hat. Wir haben doch sogar frische Milch – manchmal direkt vom Euter – getrunken. Unvorstellbar – nein, vernünftige Milch muss homogenisiert, sterilisiert und vitaminfrei sein. Jeder Grundschüler weiß doch, dass die Vitamine E und C das Herzinfarkt-Risiko steigern.

Es ist also nur ein Zufall, dass unsere Generation überlebt hat.

Ein ganz anderes Thema – hätte unsere Generation aber auch vernichten können. Wir dusseligen Altdösköppe sind doch für so etwas Profanes wie Datenschutz und gegen Volkszählungen auf die Straße gegangen und hätten dabei von einem aufgeschreckten Jungpolizisten in putativer Notwehr erschossen werden können. Immerhin wollten wir nicht, dass »Big Brother« uns auch noch im hintersten Winkel unserer Scheckkarte (so hießen früher Kreditkarten, liebe Kinder) aushorchte. Heute kann man im Internet in jedem Schülerverzeichnis neben Schuhgröße, Lieblingsfilm und Essverhalten sogar die sexuelle Ausrichtung erfahren: »Bihn im erstes Schullejahr, verstähe Frage nix, klaube aber hättero.« Wenn in irgendeinem entfernten Sprengel ein Bekannter an den Computer tritt, meldet mein privater Desk-Präventions- und Überwachungsstaat auf dem Schreibtisch: »Hein Schwaderlapp ist jetzt online«. Und dazu dreht sich George Orwell im Grabe nicht um – nein, er rotiert wie ein Ventilator.

Nein, nein, jeder Katalogverschicker – gleich ob auf Papier oder als Mail – hat doch das Recht, unser gemeines Kaufverhalten und unsere Bettwäschevorlieben zu kennen. Das

ermöglicht ihm doch erst kundenbezogene Angebote. Und wir haben uns dagegen gewehrt, hätten also früher jede Nacht ohne Bettwäsche erfrieren können.
Es ist also nur ein Zufall, dass unsere Generation überlebt hat.
Wir waren durch unser Verhalten einer permanenten Gefahr ausgesetzt. Wenn wir uns in der großen Pause zur Schlacht »Unterdorf gegen Oberdorf« verabredeten, machten wir das mit dem Satz: »Drei Uhr bei dir, ich schmeiße einen Stein an dein Fenster.« Heute geht man nach Hause, tritt an den Computer und ruft entsetzt aus: »Malte ist nicht online!« Selbst der Hinweis auf die theoretische Möglichkeit eines Festnetzanschlusses ruft bei der heutigen Generation basses Erstaunen hervor: »Stimmt, Telefon gibt es auch noch, aber Maltes Karte ist leer.«
Festnetz, ich sagte Festnetz – aber daran können sich nur noch ganz wenige Menschen erinnern. Somit fällt die reale Schlacht »Oberdorf gegen Unterdorf« aus, bei der wir uns so manche Schramme mit dem Holzschwert eingehandelt haben. Nein, heute findet Oberdoof gegen Unterdoof völlig verletzungsfrei bei »SIMS« (das ist ein Computerspiel, liebe 60-Jährige) statt.
Es ist also nur ein Zufall, dass unsere Generation überlebt hat.
Bleiben wir beim Thema Telefon, von dem es in jedem Dorf nur eins im Wartehäuschen gab. Nach der Schule zogen wir handylos in den Wald und waren für unsere Eltern bis zur Dunkelheit nicht zu erreichen. Schade, als ich an der falschen Seite des Geländers der Olef-Talsperre hangelte, hätte ich doch mittels Handy gerne meine Eltern angerufen: »Geh mal auf die Webcam des Wasserwerks, oben auf der falschen Seite des Geländers, das bin ich.«
Nein, wir hätten die Heldentat – das Wort »Selfie« gab es damals noch nicht – höchstens beidhändig mit der schweren »Agfa Clack« (ein beliebtes Kommunionsgeschenk) dokumentieren und dabei in die Tiefe stürzen können.

Es ist also nur ein Zufall, dass unsere Generation überlebt hat.
Und dann die Gefahren durch zu wenige Autos und gänzlich fehlende Schulbusse. Wenn es denn einmal eine Mitfahrgelegenheit im Renault »R4« des Vaters gab (»Mama-Taxi« war noch nicht erfunden), fand diese Fahrt ohne Kindersitz und Anschnallpflicht statt. Zur Schule ging man zu Fuß (im Sommer durchaus barfuß, im Winter mit sogenannten »Schi-Schuhs«) oder fuhr gangschaltungslos mit dem Fahrrad. Da quetschte sich der Gepäckträgersitzer regelmäßig die Finger in den Sprungfedern des Sattels blutig oder brach sich die Zehen in den Speichen, in die wir mit Bierdeckel, Gummi und rostigem Nagel ein Gerät eingebaut hatten, damit es beim Fahren schön »Klack-Klack« machte. Keine Frage: Einen Helm trugen wir auf dem meist zu kleinen Fahrrad nur, wenn wir diesen beim Feuerwehrfest gewonnen hatten.
Es ist also nur ein Zufall, dass unsere Generation überlebt hat.
Natürlich hatten wir auch Drogenprobleme: Wir kauten vertrockneten Uhu, lutschten an verseuchten Legosteinen und rauchten irgendein Kraut in rausgerissenen Gebetbuchblättern. Ein eindeutiger Schritt in Richtung Drogenabhängigkeit also.
Es ist also nur ein Zufall, dass unsere Generation überlebt hat.
Wir konnten auch nicht den ganzen Tag vor flimmernden Geräten hocken – zugegeben: das Testbild war auf die Dauer auch langweilig. Ab 17 Uhr gab es erst Programm: »Sport-Spiel-Spannung« mit Sammy Drechsel und Klaus Havenstein – ein bisschen Sport, ein bisschen »Dick & Doof« und das beliebte Quiz »Zwei aus einer Klasse« ohne güntherjauchsches Geflimmer und Getöse. Und die Fragen waren auch viel einfacher. Natürlich mussten wir auch auf ein juristisches Grundstudium bei Barbara Salesch verzichten, kein Nachmittagstalker mit besorgtem Gesicht half uns mit einem

Anfängerkurs zum Thema »Fröhlicher Vaterschaftstest« oder diskutierte mit uns das Thema »Intimrasur«.
Es ist also kein Zufall, dass unsere Generation total verblödet ist … – bei dieser Jugend in den 60er Jahren.

In diesem Sinne grüße ich Dich herzlich
Dein Hubert

Lieber Hubert,

es war eine gute Jugend. Eine von der Sorte, bei der Deine Freunde schon mal beschließen, in Ermangelung eines Grills im Park ein Feuer aus zusammengesuchtem Müll, zwei alten T-Shirts und einem recht günstig müffelnden Parfum als Brandbeschleuniger in der Mülltonne zu entfachen, um ein komplettes, gefrorenes Schweinefilet darüber zu garen. Nun fragt man sich, warum wir ein gefrorenes Schweinefilet, alte T-Shirts und Billigparfum im Park auftreiben konnten, aber kein Holz.
Das möchte ich gerne, der Anekdote zuliebe, im Verborgenen halten und zum drittgrößten Mysterium Daleidens übergehen: Dem vom heiligen Sankt Willibrord mit Heilwasser gesegneten Brunnen neben dem Getränkemarkt – marktwirtschaftlich ein Desaster. Wer kauft denn Wasser in Flaschen, selbst wenn es in der schönen Vulkaneifel durch 47 Schichten porösen Ur-Gesteins gesickert ist, um dann in modernen Filteranlagen aufbereitet und wieder zu stinknormalem Wasser zu werden, wenn man die Möglichkeit hat, nebenan heiliges Zauberwasser für lau abzuzapfen – beim einbeinigen Teichmolch.
Der heilige Willibrord trägt unter anderem auch daran Schuld, dass dem Tourismusverein in Daleiden das Leben unnötig schwer gemacht wird. Der Legende nach soll er damals während seiner Reisen von Weißdergeier nach Watweißichdenn nämlich auf den Ort gezeigt und »Do läiden« (zu hochdeutsch:

Dort liegt er) gesagt haben. Dann hat's geblubbert und zack bumm, schon floss besagtes Heilwasser aus einem Quell in der Ortsmitte.
Nun fragt man sich, wo der gute Willi Eifeler Platt gelernt hat, aber unmöglich ist das ja nun nicht. Er hätte allerdings seine Worte ein bisschen weiser wählen können.
Do läiden. Ins Hochdeutsche gequetscht Daleiden. Beinahe ein Imperativ, eine Aufforderung. Taugt jetzt nicht wirklich als Ortsname, aber wenn da schon mal so ein Heiliger vorbei guckt und einen auf Siegfried und Roy macht, dann möchte man ihn ja ungern vor den Kopf stoßen und sagen: »Du Willibrord, alte Schuttrutsche. Ganz geil, die Nummer mit dem Brunnen, aber wir bleiben lieber bei ›Schönhier‹ als Ortsnamen.
Ok? Geht klar? Dank Dir! Frohes Rumbischofen noch!«
Dass sich das beschauliche Örtchen nun in der Nähe von Jucken befindet, was wiederum nur einen Katzenwurf von Scheidchen entfernt ist, dafür kann der Heilige nix, das ist auch nicht meine Schuld und soll auch hier nicht der Zote dienen. Auch, dass man von Nasingen nach Koxhausen spucken kann habe ich nicht zu verantworten. Ebenso wenig das benachbarte Faulenpuhl.
Was ich allerdings auf meinen Deckel schreiben muss, ist der Song »Da leiden, hier leiden«, den ich später schrieb.
Das war kein grundsätzliches Pamphlet gegen meine alte Heimat.

Soweit für heute,
Dein Nicholas

Lieber Nicholas,

Mensch, ihr hattet wenigstens einen Heiligen im Daleidener Weichbild. Soviel ich weiß, hat sich in die Nordeifel nie ein Weihevoller oder Gesalbter verirrt.

Doch halt, einen lokalen Säulenheiligen haben wir auch – Kaiser Karl, um den man hier in der Gegend einen riesigen Hype macht: Gedächtnisjahr 2014, Wanderweg, Ordensblech, Ausstellung, Tassen und Umhängetaschen.

Einige behaupten sogar, dass er auf der Bertradaburg in Mürlenbach das Licht der Eifel erblickte.

Karl ein Eifeler? Das muss nicht unbedingt sein – dann eher der andere Karl, der aus Trier. Wir sind doch schon mit Andrea Nahles mehr als gestraft.

Heiliggesprochen wurde Karl der Aachener auch nur von einem Gegenpapst – ich glaube, das zählt nicht. Uns Nordeifelern hat er noch nicht einmal einen Brunnen hinterlassen, sondern nur – da oben bei Mützenich – zwei riesige Vennbrocken, die man »Kaiser Karls Bettstatt« nennt. Ich hätte den kleineren Brocken »Kaiser-Karls-Nachttisch-Kommödchen« getauft …

So, mit dem Wort »taufen« habe ich mir selbst eine Vorlage geliefert. Denn ums Taufen ging es diesem Karl, als er haufenweise die Sachsen abschlachtete. Ich bin sicher, dass er heute vor das Kriegsverbrechertribunal gestellt würde – aber sag das mal hier in der Nordeifel, die Karlisten nehmen dann gleich diesen Lynchblick an.

Ich habe mal eine Pressemeldung über irgendeinen Balkanschädel genommen, dessen Namen mit der Ersetzen-Taste gegen »Kaiser Karl« ausgetauscht und ein paar Namen historisch angepasst. – Bei einer Lesung in Aachen fand das keiner lustig …

»Aquae Granni. – Der Herrscher des Fränkischen Reichs, Kaiser Karl, ist in der Nacht an das Kriegsverbrechertribunal in dem einst von ihm unterworfenen Friesland ausgeliefert worden. Am Morgen erreichte die Kutsche mit Kaiser Karl einen Damm am Fluss Rotte. Von dort wurde er zum Gefängnis des Tribunals in Den Haghe gebracht.
Vor dem internationalen Gericht muss sich Kaiser Karl wegen Völkermords und Verbrechen gegen die Menschlichkeit während des Sachsenkrieges von 772 bis 804 verantworten.
In der Nacht, so berichtet die fränkische Agentur ›Historia Karoli Magni‹, habe eine Kolonne schwarzer Reiter die Pfalz verlassen, in der Kaiser Karl seit seiner Festnahme vor knapp einer Woche einsaß. Die Kutschen fuhren zum Weiler Merzen-Brücken. Dort wartete eine Equipage auf Kaiser Karl. Die entsprechende Anweisung zur Überstellung von Kaiser Karl an das Tribunal habe zuvor sein Sohn Ludwig der Fromme unterzeichnet. Eine offizielle Erklärung gab es zunächst nicht. Die Anwälte von Kaiser Karl hatten bis zuletzt versucht, die Überstellung nach Den Haghe mit juristischen Schachzügen hinauszuzögern. Noch am Abend hatten in Aquae Granni mehrere Tausend Menschen gegen die Festnahme von Kaiser Karl und dessen bevorstehender Auslieferung an das Tribunal demonstriert. Bei Straßenschlachten wurden rund 50 Menschen verletzt.«

Aber genau wie bei Deinem Willibrord legten die Historiker vor Eifeler Heimatkalender-Gnaden auch Karl jede Menge Dummgeschwätz in den Mund – wahrscheinlich haben Willibrord und Karl den gleichen Eifeler Plattkurs besucht: »Ripuarisch für Anfänger – Raum C«.
Nun denn: Nachdem Karl also dort oben am Venn-Rand auf dem Felsen die Nacht verbracht hatte, rief er aus: »Ich finde meine Mütze nicht.« So entstand der gleichnamige Ort. Dann zog er mit seiner ganzen Bande gen Westen und die namenlosen Dörfler riefen: »Da kon se« – richtig: heute Konzen. Ein paar Kilometer weiter sagte er dann:

»Da sim mer at« – heute Simmerath. Und glaube mir, diesen Schwachsinn hat man uns als historische Tatsache in der Schule ernsthaft verkauft.
Ja, ja, Helmut Kohl, der bis auf Bitburg beim Händchenhalten nur selten in der Eifel auftauchte, soll ja auch gesagt haben: »Ich bin völlig Prüm.« – »Das heißt Down, Herr Bundeskanzler.« – »Ich wusste, dass es ein Ort in der Eifel ist.«
Willibrord, Kaiser Karl und Helmut Kohl – die Eifeler Dreieinfaltigkeit: Springprozession, Printe und Saumagen …
Wer weiß, welche geschichtsträchtigen Eifeler Nasen uns beiden noch unbekannt sind und Ähnliches abgesondert haben: Ortsnamen wie Schuld, Bessenich, Mürringen, Kalterherberg, die ganzen … scheiden bieten sich doch nur an: Oh wie fad – aber das ist ein Ort auf der Grenze zwischen Ostbelgien und der Wallonie.

Genug der Historie
bis neulich
Dein Hubert

Lieber Hubert,

vielmehr ist es so, dass man als Jugendlicher in den 90ern grundsätzlich irgendwie mies drauf war.
Das gehörte zum Konzept und zum guten Ton.
Zumindest bei mir. Ich war gänzlich dem Grunge verfallen, einer Musikrichtung, die größtenteils aus dem weit entfernten Seattle tönte, mich dazu verleitete, ständig Baumarkt-Flanellhemden zu tragen, meine Jeans kurz überm Doc Martens-Stiefel abzuschneiden und den Rest auch mit einer stumpfen Bastelschere zu malträtieren, bis es quasi ein Loch mit Fransen war. Und dann sangen diese zotteligen Barden kryptische Botschaften meist nihilistischen Inhalts, fanden das Leben als solches

mehr als fragwürdig und taten in einigen Fällen auch ihr Bestes, es nicht all zu langwierig zu gestalten.
Ein ziemlich düsteres Szenario, dem ich mich jeden Tag während schier endloser Schulbusfahrten stellte und welches ich mir durch mein Schulenglisch wahrscheinlich noch schlimmer ausmalte, als es gedacht war. Wenn ich meinen Walkman ausschaltete, sah die Wirklichkeit so aus:
Ponyhof! Der sprichwörtliche Ponyhof. Pommes und Kirmes. Halli Galli.

Und bei Euch?
Nicholas

Lieber Nicholas,

wem sage ich das?
Es ist schön, wenn man wie ich hinterm Mond geboren wurde oder wie Du in einem Ort, wo die nächste luxemburgische Tankstelle nicht weit ist.
Eifel – das ist quasi die doppelte Mond-Dröhnung. Halt, halt, bevor ein bei Dir mitlesender Eifelpurist beleidigt wie ein HB-Männchen gen Decke startet – ich meine das durchaus positiv:
Dinge und Zeit erlebt zu haben, die es heute nicht mehr gibt, die sich keiner mehr vorstellen kann – wie das HB-Männchen zum Beispiel.
Für die nach mir Geborenen (und dazu zählst Du nun einmal – höre ich da bei mir Neid aufschwellen?) versuche ich das mal zu erklären.
In unserem Dorf hinter den sieben Bergen (ohne Zwerge) gab es – ich nenne das jetzt nur so – ein einziges Handy. Das war an einer Wand befestigt, befand sich in einem – meist

schmutzigen – Séparée in der Wartehalle des Überlandbusses und konnte nur nach Einwerfen von Münzen benutzt werden.
Ich habe das ja schon einmal in einem anderen Brief beschrieben.
Und da die Menschen früherer Zeiten auch schon neugierig auf das Leben anderer Menschen waren, bildete sich vor diesem Kommunikationszentrum, das wir Telefonzelle nannten, immer eine Gruppe, die ebenfalls a) etwas mitteilen und b) etwas mithören wollte.
Also wie heute Facebook.
Da die Zellen nicht ganz dicht waren (wer ist schon ganz dicht?), hörten wir dann Mitteilungen wie »Mutter gezogen«, »weil du mit dieser Schlampe« oder »bezahle den Deckel aus der nächsten Lohntüte«. Das so Gehörte machte dann schnell im Eifeldorf die Runde – ich möchte einmal behaupten: schneller als Facebook.
Gehen wir mal ins Internet (früher war das Wort dafür »Gemeindeblättchen«) und wählen eine x-beliebige Eifelstadt aus: Blankenheim zum Beispiel. Was finden wir da für ein Angebot? »Newsletter für Blankenheim«.
Alter Käse – gab's bei uns im Dorf schon in den fünfziger Jahren, hieß Pitt, war meist sternhagelvoll, hatte eine Glocke in der Hand und lief damit durch den Ort: »Die Verwaltung gibt bekannt …«
Gut, in der letzten Straße des Durchmarschs war die doch etwas schwere Zunge unseres Newsletters schuld an gewissen Missverständnissen:
»Die Verkanntung gibt bewald …«
Pitt konnte nichts dafür, vielmehr die Eifeler Gastfreundschaft: »Hey Pitt, trinkste ene mit?«
Oder ein anderes Thema: Eifelgemeinden sind – wie zum Beispiel Hellenthal – oft riesengroß, der Weg zum Rathaus für einen Bürger aus Udenbreth wegen eines Vordrucks mühsam und beladen. Die Lösung heißt heute Download, früher war das Onkel Franz: »Du böst doch im Rathuus für

die Heizung zustädisch, kannst mir nit dat Formular für die Hundesteuer besorgen?« Und da Onkel Franz sowieso im Hauptort Hellenthal war, konnte er vom Metzger Schwahlen auch ein Pfund Gehacktes mitbringen.
Versuche heute dagegen, ein Pfund Gehacktes zu downloaden ...
Mir ist das noch nie gelungen.
Es gibt Menschen, mit denen hat man gemeinsam die Schulbank und Pickel (aus)gedrückt, sie später aber aus den Augen verloren.
Unter uns: Gottseidank, oft Riesenekelpakete.
Auf diese Menschen stieß man früher erst wieder an Allerheiligen in Form eines frischen Grabsteins – heute leben die noch und haben eine Web-Seite an vierter Stelle bei Google.
Apropos Google:
Früher erzählten wir Eifeler im Urlaub wildfremden Menschen gerne, dass wir neben einem Gestüt einsam am Waldrand leben würden – die Eifel verleugneten wir:
»Ich bin aus bei Köln!«
Ein Blick auf Google-Earth zeigt heute der Urlaubsbekanntschaft, dass die Überholspur der B 258 durch das Schlafzimmer führt und das Gestüt ein kilometerweit stinkender Schweinezuchtbetrieb ist.
Oder die Werbung – da gab es das HB-Männchen und den Kaffee-Experten mit der Melone. Die verstand jeder.
Heute heißt es in der Werbung »Explore City Limits« – kein Wunder, fand der SPIEGEL, dass Menschen dies mit »Explosion an der Stadtgrenze« übersetzt haben. Oder »Broadcast yourself« mit »Mache deinen Brotkasten selbst«.
Neulich habe ich einen neuen Leser für meine Lieblingszeitung geworben – ein »Easyshoppingbag« wurde mir dafür versprochen. Hoffentlich ist das – so wie früher als Prämie – ein »Bosch«-Schlagbohrer!
Wenn man heute in irgendeinem Bums anruft, ertönt sofort eine Stimme »Herzlich willkommen beim Team von Bums

aus Knatter an der Ratter. Mein Name ist Ulrike Schlagmichtot. Was kann ich für Sie tun?«
Am Ende der Ansage bin ich meistens schon weggenickt – das ging früher in der Eifel alles viel schneller:
»Tach, wat willste?«
»Gehen Sie auf meinen RSS-Channel, der wird laufend aktualisiert«, sagte mir neulich ein Politiker aus dem Düsseldorfer Landtag, von dem ich nur wissen wollte, was er den lieben, langen Tag so treibt.
»Schännell« hatten wir in der Eifel immer schon.
Unser Kanal stand meistens beim Metzger hinter der Theke und aktualisierte sich minütlich. Die Sache mit der Steißbeinfistel, die man kurz vorher streng vertraulich erzählt hatte, war eine Stunde später im Dorf rund und jeder zeigte freundlich sein Mitgefühl:
»Na, wie sitzt es sich mit so einem Ding?«
Oder Info-Corner?
Gut, wer von uns den Blues hatte, kannte Alexis Korner – bei »Wullword« (so sprach man das damals aus) fragte man einfach die nächste Verkäuferin: »Wo gibt es hier Socken?« Und die Verkäuferin hieß Sybille Schnabelweich – auf keinen Fall aber Info Inge Korner.
Apropos Socken – die wurden früher noch gestopft, in der Neuzeit dagegen lieblos weggeschmissen. Dies nur am Rande …
Heute ist alles reglementiert.
Wenn man früher bei dem Fußballverein seines Vertrauens anrief und fragte: »Wann spielt denn die Alemannia?«, bekam man zur Antwort: »Wann können Sie denn?«
Das nenne ich Service – hat nichts mit Kaffeeservice zu tun.
Selbst Casting-Shows kannten wir früher in der Eifel schon – wir nannten die bloß: »Wahl zur Maikönigin«.

Soviel für heute
Dein Hubert

Lieber Hubert,

wir waren mehr oder weniger vogelfrei in unserem kleinen Dörfchen. Gefeiert und gezeltet wurde da, wo es sich gerade anbot. Moped fuhr man am besten dort, wo der Schaden in Grenzen blieb, weil Versicherungen offensichtlich allergisch reagieren, wenn man Kraftfahrzeuge ohne Berechtigungsschein führt.
Uns doch völlig schnurz.
Ein Freund stellte im Selbstversuch fest, dass Viez, Cola, Whiskey und Kakao, wenngleich auch im Einzelnen köstlich, als Mixgetränk nichts taugen. Er fand sich am nächsten Morgen in seinen Schlafsack eingemummelt auf einer Kuhweide wieder, umgeben von treuen Bertas und wie sie nicht alle hießen. Ich bin mir relativ sicher, dass Eifeler Landwirte ihren Kühen keine Namen geben, aber der Geschichte tut's ganz gut. Ich kann mich auch beim besten Willen nicht daran erinnern, wie mein Freund dort gelandet sein soll. Ich weiß nur, dass ich irgendwann des Nächtens etwas Schweres über den Zaun gehievt habe.
Aber Kühe! Was meine Erinnerung noch hergibt, worauf ich nicht stolz bin und was erst neulich jäh ein großes Fragezeichen in mein Leben schrieb:
Ich bin mir relativ sicher, dass wir Kühe umgeschubst haben. Eins von zwei großen Land-Klischees, bei dem Nutzvieh eine Rolle spielt. Auf die zweite Variante möchte ich nicht näher eingehen, auch wenn sich in meinem Bekanntenkreis Augenzeugen befinden, die ich als zuverlässige Quellen einstufen würde. Brrrr…
Nun, jedenfalls las ich vor kurzem einen Artikel, in dem das Küheschubsen quasi als Rusticus-Mythos entlarvt werden sollte. Das könne gar nicht sein, stand dort. Völlig unmöglich. Aber ich war doch dabei?! Wie bereits erwähnt, ich bin nicht stolz darauf, aber ich sah es geschehen! Ich habe es doch jah-

relang als Anekdote angebracht. Irgend so ein Klugscheißer verleidet mir hier mein Stück sinnfreier Land-Rebellion. Und das, wo es doch so schwer ist, in der Eifel zu rebellieren. Und man möchte doch so gerne!
Du schreibst es doch selber, wenn Du über deinen Einsatz bei Demos berichtest.

Herzlichst,
Dein Nicholas

Lieber Nicholas,

dem Himmel sei Dank. Du bist mein Zeuge!
Danke, dass Du mit eigenen Augen gesehen hast, dass Eifeler Jungs Kühe umgeschubst haben. Ich kannte nur immer einen, der einen kannte, der einen kannte, der einen kannte … – übrigens auch in der anderen, der etwas unfeineren Angelegenheit. Das war so wie in dem schönen Gerüchtebuch »Die Spinne in der Yucca-Palme« – nie gab es einen endgültigen Zeugen.
Aber nun kann ich meinem Weggefährten sagen: »Mein Freund Nicholas war dabei …«
Da gab es noch so ein Eifel-Gerücht: Kröten mit einem Strohhalm aufblasen – aber auch die Kröten siedelten immer nur in der Yucca-Palme. Auch besser so, denn wie hieß Achims Song in unserem ersten Kabarett-Programm? Genau: »Kröten sollst du nicht töten!«
Jetzt zur Musik und Kleidung – da haut dann doch unser Altersunterschied gewaltig rein. Wir kannten kein Grunge. Die meisten meiner ersten Stars – wenn auch vergessen – sind immer noch nicht ins Nirwana eingegangen, sondern leben in der Nähe schweizerischer oder bayrischer Gewässer.

Ich gönne es Ihnen von Herzen. Ihre alten Singles liegen wohl noch zwischen der Volks- und Marschmusik meiner Eltern.
Wehe Du lachst – wenn ich die Namen rauslasse:
Caterina Valente und Gus Backus riefen nun wirklich keine miese Stimmung hervor: »Ein Ring mit zwei blutroten Steinen« von der Dame Valente und »Bohnen in die Ohren«, »Sauerkrautpolka« und »Da sprach der alte Häuptling der Indianer« von Herrn Backus führen wahrscheinlich eher heute zu Depressionen.
Depressionen rief – wenigsten bei mir – da schon unsere Kleidung hervor. Zunächst der Kommunionsanzug mit kurzer und langer Hose, der bis zum Rauswachsen aufgetragen werden musste oder die ersten Anzüge von mehr als gewagter farblicher Zusammenrottung: Es gibt Fotos von mir mit einer lila Hose und einem grünen Sakko über einem blauen Rollkragenpullover …
Da war man dann schon eher mies drauf.
Und Lila – dies nur am Rande – stand damals noch lange nicht für frauenbewegt …
Viele Eifeler Eltern machten ihre Amerikafeindlichkeit weit vor Vietnam und völlig uninteressiert am Koreakrieg an etwas ganz anderem fest: Texashosen.
Die Worte Jeans oder auch Bluejeans kam über keine Eifeler Lippe, wahrscheinlich konnte das damals noch keiner aussprechen. Ich habe noch immer den Satz im Ohr:
»Wehe die Oma kauft dir die fies Texashos aus Amerika, aus Amerika is noch nie wat Vernünftiges gekommen.«
Schade, dass ich damals noch nicht so geschichtswissend war und ein »Außer der Befreiung vom Nazi-Regime!« rausgeschmettert habe.
Also musste die Texashose irgendwo bei einem Freund versteckt werden. Daher verließ ich das Haus in dem oben näher bezeichneten Gockelhahn-Qutfit und vollzog dann heimlich den Wechsel zu Jeans und Batik-Shirt, letzteres auch nicht unbedingt eine Errungenschaft im Sinne von Karl Lagerfeld.

So, und nun kam der musikalische Bruch:
Es muss so 62/63 gewesen sein, die Mix-Sendung »Samstagnachmittag zu Hause« mit Deinem Namensvetter Hans-Reinhard Müller gehörte damals zu meinem Lieblingsprogramm: Es gab keine feste Zeit, mal eine, mal zwei Stunden: Gäste, Kurzfilme, Musik und fast immer »Lassie«. Und dann wurde – ähnlich angekündigt wie eine seltene Hamstersorte von den Osterinseln – ein Konzert-Ausschnitt der Beatles gezeigt: Ich glaube »Love Me Do« – was ja auch nicht unbedingt ein Knaller war.
Ich knallte auf jeden Fall hinten über, während mein Vater das Wohnzimmer wegen dieses »Geplärre« verließ. Den Satz: »Nur der Luftangriff auf München war in meinen Leben noch lauter!« brachte er in den Folgejahren noch oft an.
Mein Hellenthaler Leben änderte sich an diesem Tag – wie später noch einmal, als ich nach »Easy Rider« ein Trierer Kino verließ.
Christel Rupp und ihre jüngere Schwester, deren Namen ich leider nicht mehr weiß, steckten mir heimlich Bravo-Artikel der Beatles zu, Paul Klein hatte »op Kirmes« eine Beatles-Kappe aus billigstem blauen Filz geschossen, die er mir nach einmaligem Gebrauch schenkte und die ich nur noch im Bett auszog. Jahre später kaufte ich dann im Beatles-Shop an der Londoner Bakerstreet (genau, die Sherlock-Holmes-Straße) eine Original-Replik von John Lennon. Bei oben erwähnter Kirmes schoss (ja, ja, ich habe ein Gewehr in die Hand genommen und dies bei meiner Kriegsdienstverweigerung nicht gestanden) ich auf alles, was Beatles hieß: Fähnchen, Postkarten, Schlüsselanhänger – ich habe einiges heute noch.
Wenn Du so willst: Ich war in der richtigen Musik angekommen, deren Richtung sich dann noch mehrmals änderte – im Hintergrund läuft übrigens gerade der »Boss« und »Badlands« – auch schon etwas älter.

Das soll es für heute sein
Dein Hubert

Lieber Hubert,

in Daleiden gab es keine Demos.
Da gab es zwei Busse am Tag, die nach Prüm fuhren, und auch dort: Keine Demos. Weil es aber auch so wenig Offensichtliches zum dagegen Demonstrieren gab.
Selbstredend war da immer die klassische Stammtisch-Bräune zu beobachten. Irgendein Depp hatte immer irgendeinen Türkenwitz auf Lager und hat sich darüber beömmelt, bevor er sich dann, schwankend am Pissoir, wortwörtlich beömmelte. Ob das grundlegend schlechte Menschen waren oder einfach nur schlichte Gemüter kann ich nicht sagen. Ich jedenfalls regte mich über diese Welt auf und mir kocht die Galle noch heute bei niedrigem Siedepunkt, wenn irgendwer einen derart gepolten Witz bringt. Aber die Radikalen blieben immer im Verborgenen. Vielleicht gab es sie gar nicht.
Vielleicht waren wir so weit vom Schuss, dass derartiger Dünkel, nach seiner zwischenzeitlichen Schein-Ausrottung, seinen Weg nicht mehr bis zum Rand der Sackeifel fand.

Bis die Tage,
Dein Nicholas

Lieber Nicholas,

»In Daleiden gab es keine Demos« – fast schon ein Titel für einen Film von Edgar Reitz.
Aber ich kann Dich beruhigen – in Monschau-Konzen (auch dahin verschlug mich das Zöllner-Wanderleben meiner Eltern) gab es auch keine Demos – aber Zoff machten wir trotzdem.
Dazu muss ich wieder mal schamgebeugt den »Ich-gestehe-Jugendsünden-Asche-über-mein-Haupt«-Hammer rausholen: Ich bekenne: Mit einer ganzen Clique wurden wir so 1970 rum Mitglied der »Jungen Union« – ich sogar erster Vorsitzender. Da wir im Herzen aber eher in die andere politische Richtung tendierten, liebäugelten wir zunächst mit den Jusos. Doch, oh Schreck! Die bestanden damals in Monschau fast ausschließlich aus … Lehrern, fast alle zehn Jahre älter als wir. Und als dann auch noch zu allem Überfluss bei einer Veranstaltung ein Juso-Landesfunktionär im Porsche anreiste, waren die Jusos für uns endgültig gestorben.
Wir mussten also ein Doppelleben führen – einerseits Junge Union, anderseits verweigerten gleich mehrere aus unserem Vorstand den Kriegsdienst – ich betone Kriegsdienst. Das war die härtere Form von Wehrdienstverweigerung.
Man stelle sich vor: Als Junge Union sammelten wir Medikamente für die sozialistische Revolution um Salvador Allende in Chile. Unser damaliger Haupt-Organisator sitzt heute noch – außerhalb der Eifel – für die CDU in einem Stadtrat. Ich hoffe, er ist noch immer stolz auf diese Aktion.
Doch damit nicht genug – der JU-Vorsitzende aus Monschau (also ich) ging in Aachen bei der »Rote Punkt Aktion« (damals hoch politisch) gegen Preiserhöhungen im öffentlichen Nahverkehr auf die Straße, einer meiner Vorstandskollegen wählte an der Uni »MSB Spartakus«, der eng verbandelt war mit der damaligen DKP.

Doch bald war uns diese Doppelzüngigkeit zu viel – nein, das ist jetzt der zweifelhafte Versuch schönzuschreiben. Besser: Ohne es zu merken, rutschten wir nun auch in der Eifel in linke politische Gefilde ab. Der damalige Monschauer SPD-Vorsitzende Paul G. rief auf einer Parteiversammlung: »Ich hoffte, dass unsere Jusos so links wie der JU-Vorsitzender wären.«
Was hatten wir gemacht?
Kochlehrlinge hatten uns von schlimmsten Verhältnissen während ihrer Lehre erzählt – einer soll sogar von seinem Lehrherrn eingeschlossen worden sein. Also marschierten wir abends in die betroffenen Hotels und holten die Lehrlinge einfach raus. Eine neue Lehrstelle hatten alle, die hatte »Hacky« besorgt, der hauptamtliche Sozialsekretär der CDA (das ist auch heute noch der Gewerkschaftszweig der CDU – von Franz-Josef Strauß als »Herz-Jesu-Marxisten« beschimpft).
Doch damit nicht genug: Wir druckten Flugblätter und verteilten diese vor einem Hotel:
»Essen Sie nicht hier, hier werden Lehrlinge ausgebeutet.«
Tage später brachte ein Bote vom Amtsgericht Monschau eine »Einstweilige Verfügung«. Unter Strafandrohung wurde darin ein weiteres Verteilen der Flugblätter untersagt.
Du kannst Dir vorstellen, wie Eifeler Eltern auf so einen Besuch reagieren.
Aber in der »Einstweiligen Verfügung« war ja nur von uns Eifelern die Rede gewesen, also bauten wir eine Woche später vor dem Hotel einen Pranger auf, steckten unsere Köpfe durch und Aachener verteilten das Flugblatt weiter.
Die Klage kam umgehend: Üble Nachrede, Geschäftsschädigung und weiß der Teufel was noch. Norbert Blüm (ja, ja der – Strauß wollte den damaligen CDA-Bundesgeschäftsführer aus der CDU ausschließen lassen) besorgte einen Rechtanwalt – lange Rede:
Alles gewonnen!

Da ich minderjährig war, mussten meine Eltern auch vor Gericht erscheinen.
Für meine Mutter eine Schande – gewonnen hin, gewonnen her.
Als sich die ersten Grünen 1978 so langsam formierten, bin ich aus der CDU ausgetreten – aber keiner anderen Gruppierung beigetreten.
Jahre später (2012) habe ich dann für die völlig Unabhängigen von Anfang an chancenlos für den NRW-Landtag kandidiert – holte allerdings für diese Gruppierung das beste Wahlergebnis in ganz Nordrhein-Westfalen.
Auch Alter schützt vor Polit-Lust nicht – oder sollte ich Dummheit schreiben?
So, mein Lieber! Du kriegst mich dazu (so spricht man in der Eifel), über Dinge zu schreiben, die ich schon lange vergessen (verdrängt?) habe.
Aber zu Rock 'n' Rollern muss man ehrlich sein – sie (also auch Du) werden die wahren Geschichten unserer Generation schreiben.
Die Geschichte der Generation davor hat bereits der Teufel geschrieben.

Ich grüße Dich herzlich
Dein Hubert

Lieber Hubert,

da gab es doch auch noch die 68er-Bewegung.
Ich kann mir nur schwerlich Protestlieder chantierende Blumenkinder im Daleidener Ortskern vorstellen. Ich werde ein paar Zeitzeugen befragen müssen.
Wir hatten gottlob kein Lichtenhagen und auch keine Kommune 1, nichts unmittelbar Greifbares. Auf der anderen Seite waren uns dadurch die Hände gebunden. Mit zwei selbstgemalten Schildern durch's Dorf zu ziehen und das Elend der Gesellschaft anzuprangern wäre wohl nach hinten losgegangen.
Der geniale Rainald Grebe beschreibt es in seinem Lied »Brandenburg« recht treffend, wenn er davon berichtet, dass es um ihn herum immer leerer wird und man sich eigentlich noch nicht mal mehr so richtig aufregen kann:
»Da stehen drei Nazis auf einem Hügel und finden keinen zum Verprügeln.«
Wie ich es mir für meine Tochter wünsche? Ich kann es Dir wirklich nicht sagen. Ein Leben im vordergründig friedvollen Vakuum oder die Konfrontation mit Arschgeigen?! Mich jedenfalls hat die Realität eiskalt erwischt, als ich zum ersten mal auf dem Weg zu einem unserer Konzerte in Halle an der Saale von der Polizei gefilzt und dann umgeleitet wurde, weil eine Rotte von braunen Schwachköpfen sich zu einem ihrer fadenscheinigen Trauermärsche zusammenfand. Da lag so viel Hass in der Luft, dass man ihn schmecken konnte, und er schmeckte wie alter Stiefel mit Rohrreiniger.
Bei uns daheim haute man sich aufs Maul, weil man... Ja, warum eigentlich?
Weil man irgendeinen Grund fand. Da stand ein eher sportlicher Grundaspekt, gepaart mit ca. 3 Atü auf dem Kessel, Pate. Genau so sinnlos, aber immerhin nicht grundlegend men-

schenverachtend. Vielleicht ist das aber auch nur eine romantische Wunschvorstellung des Ganzen.
Eins möchte ich meinem Kind mitgeben: Halt dich fern von denen, die schweigen. Und Kind, informiere dich! Hashtag dumm-ist-doof oder so.
Meine Rebellion fand jedenfalls im Rahmen des Machbaren statt und das war in letzter Konsequenz das Sichtbare. Bunte Haare, zu abstrakten Konstrukten gegelt, später dann Kajal an den Augen, wüster Klamotten-Klamauk.
Die gemäßigte Version von Punk oder, wie es ein erbärmlich blöder Hammel mal in einem seiner seltenen lichten Momente formulierte: Fat Manson.
Chapeau dafür, abgesehen davon, lege Dich bitte weiterhin gehackt.
Ich war gerade noch so gesellschaftsfähig, dass ich von Pitter, unserem Busfahrer, nicht schon nach drei Haltestellen wieder aus dem Bus geschmissen oder gar nicht erst hereingelassen wurde. Da Pitter nun auch nicht unbedingt den Knigge zum Frühstück studierte und ein ziemlich bärbeißiger Typ war, war es eigentlich gar nicht mal so schlecht, wenn er Dich absegnete. Ich glaube sogar, dass er mich heimlich gut leiden konnte.
Wie dem auch sei, Gott habe dich selig, auf dass du im Himmel den schönsten Bus lenken mögest!

Soweit,
Dein Nicholas

Lieber Nicholas,

das war schon vor fünfundvierzig Jahren so – ein Teil der Eifeler Jugend spielte sich im Bus ab – allerdings auch daneben.
Sprich: Wartehäuschen!
Die verglaste, versiffte und verbretterte Holzbude erfüllte für uns gleich mehrere Funktionen:
Jugendheim, Mailbox und Handy!
Die beiden letzteren Worte kannten wir allerdings noch nicht. Bei uns hießen sie Postbriefkasten und Münzfernsprecher.
Da nur wenige Eifeler damals zu Hause schon ein Telefon besaßen, war in dem besseren Verschlag immer was los. Wir hockten mit unserer Weinflasche – keine Stubbi-Generation – auf den Holzbänken und taten so, als würden wir die 20-Pfennig-Ortsgespräche (für Ferngespräche musste man dauernd nachwerfen) nicht mithören. Die Tür zur Telefonzelle schloss nämlich nie so richtig und so hörten wir so manche Neuigkeit aus dem Dorf – quasi Facebook von Angesicht zu Angesicht. Wenn einer die Hand über die Sprechmuschel legte, wurden unsere Ohren länger. Meist ging es um Rechnungen, Handwerker, »Oh-wann-kommst-Du?« oder Mahnungen. Wahre Dorfskandale haben wir nie erfahren.
Die älteren Telefonierer empfanden uns als lästig und es gab oft ein »Macht dat ihr hier rauskommt!« – jüngere passten eher den Zeitpunkt unserer Nichtanwesenheit ab.
Und wenn dann auch noch die holde Weiblichkeit unserer Generation telefonieren wollte, spitzten wir die Ohren schon gewaltig:
Hatte die etwa was mit einem aus dem anderen Dorf?
Halt, hier verlagere ich meine Fantasie in ein weit entferntes Nachbardorf mit belgischem Ortsteil. Dort pflegte man noch den gesitteten Brauch, »fremden« Freiern eins aufs Maul zu

hauen. Das Wort »Freier« hatte damals in der Eifel bereits einen Negativ-Touch, wurde allerdings auf keinen Fall mit Prostituierten in Verbindung gebracht.
»Freier« waren VW-Fahrer, die nicht aus dem Dorf stammten und die Schönsten der Schönen abgriffen.
Diese Störer der »Vermehrt wird sich im eigenen Dorf«-Theorie mussten mit einer Trecker-Ladung (ich übertreibe) Bier anrücken oder … siehe oben: eins aufs Maul.
In der Johannisnacht (die wurde in unserer Ecke statt der Mainacht gefeiert) ging man dort sogar noch ein Stück weiter: Von der Dorfkneipe bis zum Haus der Maid, die einen aus dem Nebendorf ins Herz geschlossen hatte, wurde eine Sägemehlspur gelegt. Soll heißen: Da kann jeder hergelaufene Nichtausdemeigenendorfstammende lang laufen – unterschwellig: Die treibt es mit jedem.
Wie gesagt: Bei uns im Dorf war das nicht so, wir kippten in der Johannisnacht nur die Mülltonnen um oder hoben Scheunentore aus den Angeln – in der Monschauer Altstadt wurde in jener Nacht immer ein Eimer Farbe über ein Denkmal gekippt, das »Glockenstein« hieß.
Heute gibt es nur noch den Glockenstein, ohne Farbe. In dem abseits (in Wirklichkeit: traumschönen) gelegenen Dorf gibt's keins mehr aufs Maul und Sägemehl wird auch nicht mehr gestreut.
Scheiß Globalisierung!
Heute wird um Monschau immer noch die Johannisnacht gefeiert – die rollenden Mai-Diskos auf Hoch- und Tiefladern aus den anderen Gemeinden übernehmen aber von Jahr zu Jahr mehr die Macht der lärmenden Nacht.
Aber zurück zur Bushaltestelle!
Wenn es uns dort zu langweilig wurde, zogen wir zum Felsen hinter der Kirche, der neben einem großen Weiher gen Himmel ragte. Dort sollen zu früheren Zeiten sogar Hexen ihr Unwesen getrieben haben. Eine Felsenhöhle, nur ein paar Meter tief, heißt dort sogar »Wilde Wivjes-Loch«. Wobei Wivjes für Weib steht.

Wir haben dort nie ein wildes Weib gesehen – hin und wieder schon Mal ein williges, aber vielleicht ist das ja auch nur eine Altherren-Fantasie.
Wobei ...
Auf dem Felsen philosophierten wir auf Teufel komm raus. Ich erinnere mich an eine immer wiederkehrende Frage beim Blick gen Sternenhimmel: Wo endet dieser? Und – viel interessanter: Was kommt dahinter?
Ein Glück, dass es nur zwei Fernsehprogramme gab, sonst hätten wir wahrscheinlich zu Hause abgehangen und uns für insektenfressende C-Promis interessiert.
Ständiger Begleiter auf dem Felsen war eine Literflasche Lieser-Wein, den ich beim Weinhändler meines Vaters orderte – bei meinen Freunden kassierte ich abendlich pro Nase 80 Pfennig ab.
Ein Liter für Charly, Benno, Bernd und mich – das reichte für keinen Schwips.
Hin und wieder – meistens war uns die Ruhe wichtiger – war auch ein Kassettenrecorder von Philipps dabei. Alle Aufnahmen stammten aus der Sonntags-»Hitparade« oder der »Bravo-Musikbox« von Radio Luxemburg mit Frank Elsner und Dieter-Thomas Heck. Später wechselten wir dann zu »Diskothek im WDR« mit dem legendären Mal Sondock.
Bei der »Bravo Musikbox« knallten die Stile nur so aufeinander – da kam schon mal Led Zeppelin nach Roy Black – aber man brauchte ja nicht alles aufzunehmen auf diesen blöden Bändern, die sich immer mal ins Gerät abwickelten und dann mittels Bleistift wieder eingerollt werden mussten.
Ein paar Favoriten meines persönlichen Bandes: »Whole lotta love« von Led Zeppelin, »Call me number one« von den Tremeloes, »Let it be« von den Beatles, »Hot Love« von T. Rex – als mir das zu brav wurde, entdeckte ich Steppenwolf, Canned Heat, Fleetwood Mac, Manfred Man's Earth Band und immer wieder Led Zeppelin.

Der »Woodstock«-Film veränderte 1970 (das Festival war ein Jahr früher) noch einmal den Musikgeschmack – viele Namen kennt man heute noch.
Unsere heimlichen Stars kamen allerdings aus Deutschland: »Insterburg und Co« – die absolute Blödeltruppe von Ingo Insterburg, Karl Dall, Peter Ehlebracht und Jürgen Barz.
Wir konnten alles auswendig: »Diese Scheibe ist ein Hit, wann kriegt ihr das endlich mit. Diese Scheibe müsst ihr koofen, es ist ne Scheibe für die Doofen.«
Dass ich später einmal in den heiligen Hallen (in Wirklichkeit zwei Studios und drei Büros) der Villa Louvigny bei Radio Luxemburg als Gag-Schreiber arbeiten und Jürgen Barz von eben jenen Insterburgern bis zum heutigen Tage einer meiner besten Freunde werden sollte, ahnte ich damals natürlich nicht.
Ich lernte Jürgen 1984 beim (bewaffneten) Pförtner von RTL nachts gegen 23 Uhr kennen, da er nach dem Insterburg-Ende ebenfalls in Luxemburg als Gag-Schreiber jobbte. Wir Knall-Chargen arbeiteten damals für die Sendung »Guten Morgen Deutschland« – Dienstzeit von 23 Uhr bis 9 Uhr morgens.
Die Gagschreiber wohnten damals über dem »Café de Paris« am Place d'Armes. Zu der RTL-Zeit später vielleicht mehr – Luxemburg ist ja auch fast Eifel.
Oh, ich wollte ja was zum Leben im Bus in der Eifel schreiben und bin schon bei der Wartehalle hängen geblieben.
Zum Im-Bus (heißt nicht so auch ein Werkzeug, mit dem IKEA mich immer quält?) vielleicht später mehr – muss aber auch nicht sein: Fußball A-Jugend-Aufarbeitung am Montag, Hausarbeiten an jedem Tag, Knutschen bei wenigen Gelegenheiten …

Für heute sollte das reichen.
Ich grüße Dich herzlich
Dein Hubert

Lieber Hubert,

Stopp! Ein kleines Zwischenspiel: Neben mir sitzen Sonja und ihr Mann. Das weiß ich, weil der Mann Sonja auf den Arm tätowiert hat. In Schnörkelschrift, krummbuckelig, mit kleinem roten Herzchen als Punkt über dem J. Ihre gemeinsame Tochter heißt Emily. Auch das sagt mir die Tätowierung, auch hier kleine, rote Herzchen. Sonja sprach gerade davon, dass sie die Kosten für den Mann und Emily wieder reinholen müsse. Worum es genau gehen soll, weiß ich nicht, aber es kostet genau 45 Euro. Der Mann sagt, dass das jetzt so viel wäre, wie das damals in D-Mark gekostet hätte. Sonja schiebt irgendetwas auf Platt nach, das ich nicht verstehen kann. Das liegt nicht am Platt grundsätzlich, sondern an der Divergenz im lokalen Dialekt, die teilweise schon hinter der Grenze zum nächsten Dorf so groß ist, dass man kein Wort mehr versteht. Sonjas Stimme ist quäkig und laut. Sie klingt, wie eine dieser Hupen, die man von den drei Stooges oder aus Buster Keaton-Filmen kennt. »Mööp mööp«, schwadroniert sie, und ich verstehe immer noch kein Wort. Sie echauffiert sich aber sichtlich. Der Mann sitzt da, ein viel zu kleines Baseball-Käppi auf dem Kopf, grobporig ist er, die Arme mit der Krakel-Tätowierung trägt er über der Bierplauze verschränkt. Er scheint zu überlegen, wie groß die Flamme wohl sein wird, wenn er jetzt Öl ins Feuer gießt und sich in irgendeiner Form zur Situation äußert. Im Großen und Ganzen sind die beiden eigentlich gut drauf, wirken beinahe ausgelassen aufgeregt, aber irgendetwas lässt Sonja nicht los. Sie starrt im Minutentakt auf die Uhr, blubbert Unverständliches in den durchaus vorhandenen Bart und schaut hilfesuchend aus dem Fenster. Ich überlege, meine Hilfe anzubieten. Man weiß es ja nicht. Vielleicht braucht sie dringend irgendein Medikament oder sonstige lebenserhaltende Maßnahmen. Anderthalb Minuten später wird dann der Grund für Sonjas Sorgen klar, weil sie mit einem Mal von ihr abfallen. Der

Anschlusszug nach Bonn hat gewartet. Gott sei's gepriesen. Und während ich an der Haltestelle Großbüllesheim diese Zeilen schreibe, hupt Sonja wahrscheinlich den nächsten Regionalzug voll und der Mann rechnet die aktuellen Spritpreise in D-Mark um. Wir werden uns wohl zum ersten und letzten Mal gesehen haben, aber ich fühle mit Sonja und dem Mann, jetzt, wo ich verstanden habe.
Vielleicht hätte ich zu Beginn dieser Erzählung erwähnen sollen, dass ich im Eifel-Express Richtung Köln sitze. Und hier, im klassischen DB-Duft-Potpourri werden viele alte Erinnerungen wach, während ich von meiner Jugend schreibe. Genau diese Linie, nur mit altmodischeren Zügen, in denen noch nach Herzenslust geraucht werden durfte, war damals unsere Verbindung in die weite Welt, sprich: Köln. Wenn man hier den Zug verpasste, nachdem man sich mit dem Schulbus bis Prüm durchgeschlagen hatte und sich dann von einem – ob des nach Pubertätsschweiß aus vier halbstarken Häuten schwer miefenden Passat Kombis – mittelmäßig begeisterten Elternteil eines Freundes nach Gerolstein chauffieren ließ, dann war das schon eine mittlere Katastrophe. Der nächste Zug fuhr mit viel Glück eine Stunde später, und das war eine wertvolle Stunde, die man genauso gut im Kaufrausch in einem Kölner Trend-Szene-In-Hip-Laden (C&A oder so) hätte verbringen können. Und wie eine sich selbst erfüllende Prophezeiung stehe ich nun am Bahnhof Weilerswist und der Zugführer gibt durch, dass aufgrund einer Weichenstörung mit ca. 11 Minuten Verspätung zu rechnen ist. Meine Umsteigezeit in den Zug Richtung Münster beträgt 7 Minuten. Oh Sonja, oh Sonjas Mann, ich bin bei Euch, in Gedanken. Ihr wollt doch nur nach Bonn, ich will doch nur nach Hause. Und der IC 2200, der wartet im Leben nicht. Dem ist der Eifel-Express egal. Und der nächste Zug, der fährt dann frühestens eine Stunde später.
Woanders ist's also offensichtlich auch nicht besser.

Dies aus dem Zuge,
Dein Nicholas

Lieber Nicholas,

jaja, wir Eifeler wissen: Wenn man im Wind-Zug steht, holt man sich »de Fips an den Sack«, wenn man im D-Zug sitzt, hört man die irrsten Gespräche.
Mir hätte das einmal fast ein Ermittlungsverfahren eingebracht. Daher hoffe ich, dass die Sache inzwischen verjährt ist. Einen Artikel in der BILD und in der Lokalzeitung zog die Sache auf jeden Fall nach sich und ist bis heute ein großes Geheimnis.
Deshalb lüfte ich vor Dir – mit schamverhülltem Kopf – dieses Rätsel.
Aber der Reihe nach: In einem Aachener »Szene-Blatt« – wie man damals gerne formulierte – schrieb ich 1989 die Kolumne »Zunächst mal ins Fettnäpfchen« unter dem Pseudonym »Hubi Hetzer« – man kann Satire auch undeutlicher kennzeichnen.
Dort nahm ich mir den Nachbarstädter vor – die Überschrift hieß: »Der gemeine Dürener ist laut«. Dir als Sprach-Ästhet brauche ich ja nicht zu erklären, dass ich mit »gemein« – laut Duden – »auf die Allgemeinheit bezogen« meinte. Die BILD-Zeitung zitierte mich allerdings – knapp daneben ist auch vorbei – mit: »Die Dürener sind doof und gemein«.
In der Satire machte ich mich über die Dürener Lautstärke, die ich damals als täglicher Zug-Pendler nach Köln tatsächlich erlebte, lustig:
»Es gibt dreierlei Menschen. Farbige, Weiße und Dürener«.
Aber nicht nur das: Auch die Sprache nahm ich aufs Korn und die Dickbrüstigkeit der Jung-Dürener-Diskotussi.
Um wieder auf Deinen Zug zu kommen – ich schrieb: »Für die Rückfahrt nimmt man einen Zug, der nicht in Düren hält. Dafür zahlt man gerne einen IC-Zuschlag.«

Kurzum – ich sprang von einem Fettnäpfchen zum anderen, was ja der Sinn der Kolumne war.
Übrigens: Auch ein Nationaltorwart aus Düren hat sich einmal nicht gerade schmeichelhaft über seine Heimatstadt geäußert – allerdings nicht als Satire.
Aber zurück zu Hubi Hetzer!
Der lachte sich natürlich schlapp, als wenige Tage nach Erscheinen des – wie nannte man das noch? – »Szene-Blattes« die BILD-Zeitung titelte: »Kleinkrieg zwischen Aachen und der Nachbarstadt« – und »Wer ist Hubi Hetzer?«
Der damalige Stadtdirektor Dr. Hans Lehmacher († 1992) schäumte: Er beauftragte sein Rechtsamt, »Hubi Hetzer« ausfindig zu machen. Das gelang – warum auch immer – den Rechtamtlern allerdings nicht. Beim Presserat in Bonn reichte man eine Beschwerde ein – die allerdings nie eine Reaktion nach sich zog.
Zur Info: Der Presserat spricht Rügen aus, die das Medium dann veröffentlichen muss. Die »Titanic« veröffentlichte in so einem Fall das Bild »Rügen« von Caspar David Friedrich.
Auch die Lokalpresse zog nach und vermutete, dass ein Bodybuilder mit »VW-Prolo« mir vor einer Disko das Gebiss verbogen habe »... oder etwas mehr«.
Aber noch einmal – ich lach mich immer noch schlapp – zurück zu BILD und dem erbosten Stadtdirektor: »Außerdem möchte ich gerne wissen, ob der Autor jemals in Düren war.«
Ja, war ich – ein Jahr als Lokalredakteur. Der damalige Dürener Oberbürgermeister und Bundestagsabgeordnete Wolfgang Vogt (oft als CDU-Linker geschmäht) bot mir übrigens den Job als Pressesprecher der Stadt an – ich blieb aber lieber Journalist.
Also nur für Dich, lieber Nicholas: »Ja, ich war Hubi Hetzer« – das muss aber unter uns beiden und den Lesern dieses Buchs bleiben.
Jahre später, da fuhr ich viel weniger Zug und hatte Hubi Hetzer schon lange vergessen, fuhr ich mal wieder nach Köln.

In Düren stieg ein Mann ein und griff – das gab es zu Zeiten von Hubi Hetzer noch nicht – zum Handy:
»Tach Jung, hier is der Rommerskirchen, dein Chef haha. Mist, Funkloch. Nochens der Rommerskirchen. Ja, geht mir gut. War jestern mit meiner Frau essen. Ein Hunger hatte ich. Zwei Steaks. Mist Funkloch. Nochens der Rommerskirchen. Wo waren wir? Jenau! Zwei Steaks. Ich sach immer: Man kann nur ein Kotelett essen. Daher habe ich gedacht … Mist Funkloch. Der Rommerskirchen. Koteletts genau. Un da habe ich gedacht, dat du doch nit der richtige Mann für mich bist. 6 Euro die Stunde is doch irjendwie auch die Sau rausjelassen. Da kannst du doch jeden Abend zwei Koteletts verschlingen. Kündigung? Fieses Wort. Du kündigst, dat erspart dir viel Ärjer. Mist Funkloch. Rommerskirchen!!!!! Jetz komm mir nit mit Anwalt. Ich will dir doch nicht die Zukunft in einem größeren Laden als dem vom Rommerskirchen verbauen. Andere sagen da Danke. Nach sieben Monaten Treue meinerseits is dat ne Frechheit. Der Rommerskirchen is doch kein Unmensch. Ich sach auch nix deiner Frau. Mist Funkloch. Ich lasse mich doch von dem nicht am frühen Morjen mit nem Anwalt erpressen.«
Dann guckte der Rommerskirchen siegessicher in die Runde – alle guckten weg: Auf den Stau vor der Baustelle – direkt neben der Zuglinie.
So, mein Lieber, das zum Thema »Züge« – hole Dich bei unserem nächsten Treffen vom Bahnhof ab.

Herzlich
Dein Hubert

Lieber Hubert,

ich habe mich heute nach langer Zeit noch einmal öffentlich geäußert:
Ein wenig mehr als ein Jahr ist es nun her, dass ich die schwerste aller Entscheidungen treffen musste: Den Ausstieg bei Jupiter Jones. Nach über 12 Jahren den Hut zu nehmen und sich einer Unumgänglichkeit zu ergeben war bitter. Viel Vermissen, viel Zweifel und eine Zeit des An-die-Decke-Starrens folgten, aber auch so unendlich viele Genesungswünsche von Euch und all meinen Lieben. Mehr als ich erwarten konnte und ehrlich rührend und Pipi-in-den-Augen denkwürdig. Habt tausend Dank dafür!
Und dann irgendwann die Erkenntnis, dass die Entscheidung, so fies und abwegig sie sich auch anfühlte, doch die einzig Richtige war. Ich wollte und konnte nicht mehr und wusste, dass ich Zeit benötigen würde. Wie viel Zeit, das wussten selbst die Schlausten nicht. So war es also logisch, nicht zu warten und mir selber Fristen zu setzen, sondern zu handeln und auf's Beste zu hoffen. Das Beste, das war in meinem Fall gesund zu werden. Diese alte Pottsau Angst, die ich nun beinahe ein Jahrzehnt mit mir herumgeschleppt habe, endlich am Kragen zu packen und ihr mal ordentlich den Marsch zu blasen. Das habe ich getan, und weil ihr es wart, die mir auf diesem Weg viel Glück gewünscht habt, dachte ich, es wäre doch schön, euch sagen zu können: Es ist wieder gut. Es kann und soll und will weitergehen.
Und das gilt für Alle. Für all diejenigen, die Erfahrungen ähnlich der meinen machen müssen, für all diejenigen, die Menschen dabei begleiten. Das erfordert Geduld und Zuwendung und die hatte ich stets. Ohne das hätte es nicht funktioniert, hätte ich nicht funktioniert. Auch hier: Danke!
In der Zeit nach meinem Ausstieg haben mich endlos viele Nachrichten erreicht von Menschen, die auch mit der Angst zu

tun haben. Viel mehr, als ich je hätte beantworten können und deswegen möchte ich das nun auf diesem Weg tun. Und die Nachricht ist so kurz: Macht weiter. Lasst Euch dabei helfen. Schämt Euch nicht. Schreibt Euch nicht ab.
Auf diesem Wege möchte ich gerne auf einen Verein voller phantastischer Menschen hinweisen – der Deutschen Angst-Selbsthilfe, kurz D.A.S.H.
Das ist eine Gruppe nimmermüder Betroffener und Experten, die hervorragende Arbeit leistet. Die jeden Tag auf's Neue versucht, Angst-Erkrankungen und andere psychische Leiden dahin zu hieven, wo sie hingehören, nämlich in die Normalität. Weil wir alle nicht ganz gerade ticken und so viele von uns leider dabei den Halt verlieren. Weil ich Euch leider versprechen kann, dass jeder von Euch mindestens einen Menschen mit verbogener Seele kennt.
Trotzdem wird viel zu oft darüber geschwiegen, es wird viel zu wenig darüber informiert. Falls Ihr das ändern wollt, dann lege ich Euch folgende Homepage ans Herz:
www.angstselbsthilfe.de
Dort gibt es Infos und vor allem Hilfe. Und wenn Ihr zufällig noch ein paar Mark in der Spardose übrig habt, dann füllt doch Euer Karma-Konto und unterstützt die guten Leute dort. Sie können's gut gebrauchen und es landet an den richtigen Stellen. Ich selber bin als Botschafter für die D.A.S.H. unterwegs und habe mich vor Ort von der Tolligkeit der Beteiligten überzeugen dürfen. Sämtliche Daumen, samt dicker Zehen nach oben.
Was ich sonst so in den letzten knapp 400 Tagen getrieben habe? Ich bin Papa geworden, habe begonnen ein Buch zu schreiben und, naja, fragste mich nach Musik, dann sag ich »Ja sichi! Wat denn sonst?«
Jetzt freue ich mich aber erst einmal, wieder hier zu sein.

Senkrecht bleiben,
Allerherzlichst,
Nicholas

Lieber Nicholas,

das sind Worte, über die ich mich sehr freue, und es fällt mir sichtlich schwer, hier wieder auf den Weg unserer nostalgischen Streifzüge zurückzukommen. Lieber Nicholas, gehörst Du eigentlich noch der Vor-Mäckes-Generation in der Eifel an oder habt Ihr auch schon leere braune Tüten aus dem Auto geworfen?
Als überall in den Metropolen bereits die Juniortüten an den Start gingen, waren wir ja noch lange Mäckes-freie Zone. Meine Generation sowieso!
Bei uns hieß ein Hamburger noch Freddy Quinn und sang »Junge, komm bald wieder« oder »Hundert Mann und ein Befehl«.
Wenn ich heute nachts durch die Eifel fahre, kann ich sofort erkennen, ob irgendwo ein Klopsbräter in der Nähe ist: Braune Tüten am Straßenrand – vielleicht ein Titel für einen Politsong.
Ich finde, es muss dringend wissenschaftlich geklärt werden, warum diese Papierbeutel – und zwar nicht nur in der Eifel – immer aus den Autos geworfen werden?
Nach dem Genuss ist vor dem Gestank? Vielleicht!
Tütengegenden der Eifel sind um Imgenbroich, Kall, Gerolstein, Eupen und Bitburg – was essen die Jugendlichen auf den weißen Flecken der Mäckes-losen Eifeler Landkarte?
Gibt es den Livingstone der Frittenbuden? Wo ist hier der nächste »Frittenkönig«, »Ernas Wurstbude«, »Futterkrippe« oder »Route B 258«?
Aber zum Thema Ernährung in der Eifel. »Aus-Essen-Gehen« war bis weit in die sechziger Jahre verpönt:
»Jejessen wird daheem! Man muss et den Wirten doch nit in den Hals stecken.«
Gab es damals eigentlich schon Restaurants in der Eifel?

Ich erinnere mich nur, dass auf den Theken Frikadellen unter einer Plexiglashaube standen, eingeschweißten Käse am Stil und Soleier im Glas. Dazu Senf – nicht etwa aus umweltfeindlichen Kleinstplastiktütchen, sondern aus einem Einheitstopf, in dem man schon mal gerne, wenn die Wirtin wegschaute, den Kaugummi auf dem Senf-Grund versenkte. Aber Restaurant – das war was für die Städter am Wochenende.

Für uns waren die Frittenbuden da. In einer hörte ich mal den wunderbaren Satz:

»Fritten für um hier zu essen und tuen Sie mich noch ne Wurst dabei.«

Ein Titel für ein späteres Kabarettprogramm.

In unserem Weiler gab es nur einmal in der Woche eine fahrbare Frittenbude, die vor der Dorfkneipe stand. Die Tüten waren aus einer Art Quarkpapier (gibt es heute auch nicht mehr) und hielten die Temperatur.

Denn: Gegessen wurde zu Hause. Man musste nicht noch Geld für Senf, Majo oder »Tomatensoße«, wie damals Ketchup hieß, ausgeben …

Interessant waren auch die Beobachtungen:

»Vorige Woche konnte der sich noch 'ne Wurst leisten – ja ja, es geht auf den 30sten zu!« Oder: »Drei Tüten für eine Familie, und ich musste deswegen hinter dem warten. Man kann sich auch überfressen.«

Aufgelockert wurde die lukullische Eifeler Landschaft dann so Anfang der siebziger Jahre durch Menschen aus anderen Ländern. Für viele Eifeler hießen die alle – den politischen Ausdehnungsdrang Titos völlig überschätzend – »Beim Jugoslawen«, der auch schon mal aus Athen oder Istanbul kommen konnte. Hauptsache Cevapcici!

Das konnte man sich leisten, da wurde auch nicht so viel Tamtam mit verschiedenen Gerätschaften und Gläsern gemacht, und auf die Wand hatte immer ein Untalent ein miserabel schlechtes Gemälde der Adria gemalt.

Dann kamen die Chinesen!

Der Ureifeler wurde kritischer und – behaupte ich einfach mal so – ließ mich Zeuge folgenden Gesprächs werden:
»Da gibt es jetzt einen Chinesen!«
»Das ess' ich nicht!«
»Wir sind eingeladen.«
»Aber der Hund bleibt zu Hause! An dem hänge ich.«
In der »Lotusblüte« der nahen Kreisstadt wurde man freundlich vom Restaurantbesitzer begrüßt:
»Ah, Eifel, Eifel gut!«
Der Eifeler wollte auch freundlich sein:
»Pearl Harbor, Pearl Harbor gut«.
»Das waren Japaner«, raunzte die Tochter, die darauf die Einführung in die neue Esswelt übernahm:
»Bi-Huhn Suppe?«
Der Eifeler: »Das Huhn hatte nicht nur ein Verhältnis mit dem Hahn, sondern auch mit Hühnern? Ich nehme die Reissuppe.«
Da die Familie dann Schweinefleisch mit Ananas und Stäbchen bestellte, entschied sich der Eifeler für ein Wiener Schnitzel: »Ich komm mit den Mikado-Stäbchen nicht klar.«
Zum Glück gab es nicht nur Reiswein, sondern auch Bitburger.
Die Lychees waren für den guten Mann »eingelegte Zwiebelchen« – er entschied sich für den großen Nogger-Becher.
Beim Verlassen des Lokals hörte ich ihn sagen:
»Von wejen, wat der Buur nit kennt! Man muss alles mal probiert haben.«
Lieber Nicholas, Du siehst, das Essverhalten in der Eifel hat sich in den letzten vierzig Jahren doch sehr verändert:
Wir benutzen heute verschiedenes Besteck, für jedes Getränk ein anderes Glas, essen nicht mehr Suppe, Hauptgang und Pudding aus einem Teller – dem sogenannten »Tiefen Teller« – und …
… schmeißen braune Tüten auf die Straße.

In diesem Sinne
Dein Hubert

Lieber Hubert!

Der Generation Mäckes – oder wie es korrekt geschrieben wahrscheinlich lauten müsste – Mc'es, was wiederum wie ein Familiennamen-Hybrid aus schottisch und irgendwie-slawisch aussieht, gehöre ich an, ja.
Genau genommen hat mich die ganze Sache in ein moralisches Dilemma gezwungen.
Als der erste Mc Donald's in Bitburg seine Pforten öffnete – ich kann hier nicht sicher sagen, ob der birnenförmige H. Kohl und der birnenschlaue R. Reagan damals mit einer überdimensionalen Schere das samtene Band zur Eröffnung zerschnitten, nachdem sie auf der Base der amerikanischen Luftwaffe lustgewandelt waren, was wiederum die Ramones zum Song »Bonzo goes to Bitburg« animierte – wo war ich? Na ja, als damals jedenfalls der erste Mäckes in Reichweite war, war das ein echtes Highlight meiner Kindheit.
Das war lange bevor ich beschloss, mit einer Band in einem alten, von der Straßenmeisterei ausgemusterten Mercedes-Bus quer durch die Republik zu gurken, und mich an manchen Tagen gezwungen sah, alle drei Mahlzeiten in derlei Etablissements einzunehmen. Ich habe aus dieser Zeit ein seltsam geformtes Muttermal, bei dem ich mir sicher bin, dass mein Körper versuchte, das Wort »Cholesterin« als Warnung auf meine Haut zu brennen. Seitdem meide ich das »Restaurant zur goldenen Möwe« bei allen sich bietenden Gelegenheiten.
Als Pans war eine Juniortüte aber quasi das Ultimum elterlicher Belohnung und später dann, im adoleszenten Wirrwarr, quasi der Hotspot zum Ausführen von Herzensdamen. Ich erinnere mich, einmal im Schein eines Teelichtes bei Pressfleisch und Genkartoffel mit meiner damaligen Freundin gespeist zu haben. Und das, obwohl es zu meiner Zeit sehr wohl schon einige Restaurants in der Eifel gab.

Als ich dann aber in die Subkultur um den späten Punkrock schlitterte, wie in einem meiner vorigen Briefe beschrieben, war Mc Donald's vorerst einmal völlig tabu. Nicht zu Unrecht. Allein gesundheitlich schon ein Debakel, wird dort ja schließlich auch ordentlich Schindluder mit dem armen Viehzeug getrieben.
Das sollte mal gesagt werden. Demnächst mehr über mein Vegetarier-Leben.

Dein Nicholas

Lieber Nicholas,

ich glaube, in meiner Jugend gab es noch keine Vegetarier, in der Eifel sowieso nicht. Aber ich habe auch mal in einer Stadt gelebt, und diese Stadt verabschiedete sich von mir mit – Fleisch. Ich hole mal weit aus – ja, ja, ich weiß, das mache ich gerne: Am Wochenende hatten wir beide uns mit Wladimir Kaminer getroffen, dem Autor von »Russendisko«.
Wo? Natürlich auf dem Hahnplatz in Prüm!
Auch er erzählte von seiner Jugend, seiner Kindheit – allerdings in Moskau, während wir den Eifel-Part übernahmen. War da wirklich so ein großer Unterschied? Außer vielleicht Stadt zu Land?
Nun ja – Moskau mit Daleiden oder Hellenthal/Konzen zu vergleichen, wäre vielleicht wirklich etwas gewagt – schon alleine wegen der Tatsache, dass unsere Straßen gerade breit genug für einen Erntedankzug sind und waren. Aber doch nicht für Panzer und Stechschritte in Reih und Glied vor einem Balkon, von dem Altvordere winkten. Bei uns winkte höchstens ein Musikvereinsvorsitzender, dem sein Verein ein Ständchen zur Goldhochzeit brachte. Im Hin-

tergrund lag auch nicht Lenin einbalsamiert in einem Mausoleum, sondern ein paar Kästen Bier im Flur für »de Jungs von der Musick« (ich habe Musik geschrieben, wie man es in der Eifel spricht und nicht am Ende mit »g« – wie ein mir bekannter Zeugnisfälscher).
Halten wir also mit Schrecken fest:
Unsere Eifel war kein eigener Kosmos, keine Scheibe im Sinne der katholischen Kirche – kein »Terra firma eifelensis«. Bleibt also nur noch der Stadt-Land-Unterschied, den Du heute in Münster erlebst und ich damals fünf Jahre in Aachen.
Mein Fazit:
Die Stadtkinder waren zu meiner Zeit viel doofer oder besser: braver. Als ich 1964 nach Aachen zog, traf ich auf jüngere Gleichaltrige. Die trugen noch der Frau Lehrerin die Tasche, waren nicht durch die Schlachten »Oberdorf gegen Unterdorf« paramilitärisch geschult und in Sachen Kleinkriminalität wie Äpfelklauen, Scheiben einschlagen (Du denkst an die Gedächtnistafel für Deine Tat an der Daleidener Bürgerhalle) oder Gartentürchen in den nächsten Tümpel werfen völlig unschuldig.
Beim Sexualwissen lagen sowieso Welten zwischen uns Landeiern und den Städtern, da glaubten viele noch an den Klapperstorch.
Nur in einer Sache waren die Städter uns überlegen!
Sie waren die besseren Fußballspieler – Straßenfußball macht eben härter, als auf der grünen Wiese mit Gefälle zwischen in den Boden gerammten Tor-Bohnenstangen zu kicken.
Wie kriege ich nun den Bogen von Russland nach Amerika – ich versuche es erst gar nicht.
Die Amerikaner wählten unlängst bekanntlich eine Frau zur »Schlechtesten Mutter des Jahres«, weil diese ihren neunjährigen Sohn alleine mit der U-Bahn fahren ließ. Die Frau gründete daraufhin »Free-Range Kids« – hatten wir in der Eifel doch schon immer. Nach der Schule waren wir für unsere Eltern bis zum Einbruch der Dunkelheit nicht zu erreichen,

da wir durch Flora und Fauna streiften, Baumhäuschen bauten oder im Winter Wasser auf Wege schütteten, damit die Schlitten noch schneller von der abschüssigen Chaussee in die Bundesstraße rasen konnten.
Ich erinnere mich an keine Vermisstenanzeige, wenn einer mal fünf Stunden überfällig war. Mit der »Flitsch«, wie man im Oleftal den Triebwagen nannte, war ich auch schon x-mal alleine gefahren. Eine urbane Straßenbahn war da kein großer Unterschied und so fand ich mich sehr schnell in der großen, fremden Stadt zurecht. Da der Nichteifelzweig meiner Eltern zeitlebens zu landsmannschaftlicher Vertriebenen-Solidarität neigte, musste der Zahnarzt unbedingt aus Schlesien sein. Der hatte seine Praxis allerdings einmal quer durch die Stadt – dennoch marschierte ich ohne Mühen hin und pausierte nur vor den Schaukästen der damals doch recht vielen Aachener Striptease-Bars, um einen Blick auf Damen und Mieder zu riskieren.
60er Jahre – heute gibt es keinen einzigen dieser Läden mehr. Das Stadtleben hat mir nicht viel gebracht: Ich flog vom Gymnasium, irgendwie musste ich mich bei der Zeugnisfälschung beim Wort Musik verschrieben haben, machte so lala einen mittleren Abschluss und hatte – da unterscheiden wir beide uns gewaltig – nur ein Ding im Kopf: Fußball.
Die Schule war für die Pause da, um Fußball-Bildchen der Vor-Panini-Generation zu tauschen. Zu Hause wurde mindestens viermal pro Woche meine adidas-Tasche gepackt, um – auch einmal quer durch die Stadt – zum Tivoli oder zum Training der Schulmannschaft im Gillesbachtal zu latschen.
Als meine Eltern dann wieder gen Eifel zogen, war nur der Abschied von der Alemannia schmerzhaft. Aber damals wusste ich schon, dass das mit der Profi-Karriere eines 1,72 m großen Torhüters nix werden würde.
Ich erinnere mich an meinen letzten Tag als Bewohner von Aachen.
Und jetzt komme ich endlich zum Thema Fleisch:

Meine Eltern waren schon mit dem Möbelwagen unterwegs und hatten mir Geld für die Frittenbude gegeben, da ich – auch später aus der Eifel – immer eine Aachener Schule besuchte.
In der Frittenbude randalierte ein unzufriedener Gast, nahm die Sülze, die nach seiner Meinung zu hart war, und warf sie geschickt mit Soße in den Ventilator über der Theke. Die Remouladen-Tunke erfüllte flächendeckend ihren Dienst und ich lachte mich ob dieser gelungenen Tat schlapp.
Daraufin flog ich aus der Frittenbude – der Sülze-Werfer durfte bleiben.
Die große Stadt verabschiedete sich also mit einer Ungerechtigkeit von mir – der Sülze-Werfer durfte bleiben. Die Eifel empfing mich mit Entfremdung – oder besser: Ich empfing die Eifel mit Entfremdung.
Zu lange hatte ich in Aachen auf Trümmergrundstücken Kalle Blomquist und Fußball spielen müssen. Sonntags gab es das 11 Uhr Kino im »Odeon«: »Knutschvorstellung« genannt – selbst die urbane Jugend neigte also zu gewaltiger Übertreibung.
Heute ist dort ein »Kaisers«. Geübte Cineasten erkennen allerdings, dass dies einmal ein »Lichtspielhaus« war. Rund fünfzehn Kinos gab es damals in Aachen, heute sind die meisten verschwunden.
Aber was schreibe ich hier über die große Stadt?
Ich zog ja in die Eifel, nach Konzen. Da gab es schon damals kein Kino – das Wort »mehr« wäre total fehl am Platz. In der dortigen Schule habe ich einmal »Zwölf Uhr mittags« (»High Noon«) mit Gary Cooper und Grace Kelly gesehen – der Film ist ein Jahr älter als ich, und die Stadt hat mir niemals den Titelsong geträllert:
»Sag, warum willst du von mir gehen, ich brauche dich und meinen Mut; will der Gefahr ins Aug ich schauen, brauch ich Vertrauen, nur dein Vertrauen, dann wird am Ende alles gut.«
Also Eifel.

Und da stieß der 15-jährige Junge nun plötzlich auf Wesen, die man in der Stadt neben Fußball und nationalen Kickerhelden wie Jupp Martinelli (der war übrigens Gast bei der N.T.en-Preisverleihung an Dich) nur als Randerscheinung wahrgenommen hatte.
Mädchen!!! Gleich beim ersten »Beatball«, wie es heute in der Nordeifel immer noch heißt, forderte mich eine Liebreizende auf: »Sollen wir mal vor die Tür gehen?« – ein Satz, den ich bis dahin nur mit der Aufforderung zu einer Wirtshausschlägerei außerhalb des Schankraums in Verbindung gebracht hatte. Im Theaterverein, dem ich sofort beigetreten war, musste ich eine heiße Liebeserklärung im Sinne der Gebrüder Grimm rezitieren. Ich weiß nicht mehr, ob es nun Schneeweißchen oder Rosenrot war – ich bekam auf jeden Fall eine gescheuert, dass die Heidi wackelte.
Ja, ja, vielleicht war es ja aufkeimendes Schauspieltalent – ich hätte meinen frühen Berufswunsch »Pierre Brice oder Lex Barker« vielleicht doch weiter verfolgen sollen.
Somit verlasse ich den Bereich »Freundinnen«, da meines Wissens alle noch leben und ich keine der Peinlichkeit »Was, mit DEM warst du mal zusammen?« aussetzen möchte. Und das hat wahrlich nichts mit dem Gentleman, der genießt und schweigt zu tun – das wäre wieder eine maßlose Übertreibung und würde nur Falsches suggerieren.
Der Eifeler, der zum Stadtjungen und nun wieder zum Eifeler geworden war, stand aber noch vor anderen Errungenschaften der Landjugend mit offenem Munde da: Saufen!!
Natürlich schloss ich mich wieder einem Fußballverein an, und zwar dem TuS Lammersdorf. Ich konnte so gar nicht verstehen, dass einige meiner Mitspieler am Samstagabend vor einem Spiel – oft bis in den frühen Morgen – noch auf der Piste gewesen waren. Besonders beeindruckte mich die Tatsache, dass es wahre Künstler unter ihnen gab, die ohne zu schlucken ein Glas Bier in sich hineinschütten konnten. Gut, um dies live gesehen zu haben, musste ich mich auch auf die Piste begeben, aber das war höchst selten der Fall.

Mädchen und saufen – der Eifel-Come-backler stand mit offenem Schlund da, der Getränke allerdings nur schluckweise aufnehmen konnte.
Und dann die Sonntage nach dem Spiel – kein Kino, kein Eis von Delzepich, keine Frittenbude am Kaiserplatz, kein Tivoli mit damals Bundesliga, kein Jugendheim Düppelstraße mit Livebands wie »The Rovers« – bei letzter Einrichtung hätte die katholische Kirche-Land durchaus viel bei der Kirche-Stadt lernen können. Statt Sonntags-Rock bot die Land-Kirche nämlich nur Frühmesse, Hochamt und 15-Uhr-Andacht an. Und die Andacht verhinderte immer, dass man zum Anpfiff des Kreisklassespiels am Sportplatz sein konnte.
Was also am langweiligen Sonntagnachmittag tun?
Ich fand sehr schnell Freunde. Befremdlich fand ich nur, dass die sich »Kameraden« nannten, was sich gottseidank nicht als eine politische Bezeichnung entpuppte. Mein Vetter Paul-Dieter, der schon vor über 35 Jahren mit seiner Freundin auf dem Motorrad zwischen Gemünd und Kall zu Tode kam, half mir bei den ersten Kontakten: Wibbes und Charly waren z.B. »Kameraden«. Wir liefen das Dorf rauf und runter – ich meine mich an ein Transistor-Radio mit der Hitparade von Radio Luxemburg zu erinnern.
Anfang der 70er Jahre änderten sich dann die Interessen – Charly und ich wechselten und gründeten mit Benno und zweimal Bernd den »Kiffing Embryo«-Kosmos – davon an anderer Stelle ja bereits mehr.
Man hat sich aus den Augen verloren: Benno lebt heute in Südfrankreich (wir mailen täglich), Charly und Wibbes leisten Wertvolles für das Vereinsleben in der Eifel, und auch die anderen sind nicht auf die schiefe Bahn geraten.
Und ich?
Ich zitiere den von mir hoch verehrten Hanns-Dieter Hüsch: »Und ich? Ich mach Quatsch!«

In diesem Sinne für heute
Dein Hubert

Lieber Hubert,

in meinem damaligen Freundeskreis war jede Art von Fleisch zu dieser Zeit ein rotes Tuch. Einige von ihnen verschmähten als Veganer sogar jegliche tierische Produkte. Das probierte ich auch für exakt einen Tag aus, um dann festzustellen, dass meine Laune in Richtung soziale Unverträglichkeit tendierte. Aber jedem bitte so, wie es ihm am Besten tut. Vom Grundsatz her sehe ich da keinen Grund zur Beschwerde.

Meine recht carnivore Familie väterlicherseits, allesamt Gastronomen und/oder Metzger, trieb ich damals das ein oder andere Fragezeichen auf die Stirnen, als ich während eines Weihnachtsessens verkündete, ich sei jetzt Vegetarier.

Es gab dann Beilagen.

Verübeln konnte ich ihnen das nicht.

Damals gab's beim Discounter noch keine Fleischersätze und so manches Mal musste ich in Restaurants auf die Frage: »Haben sie auch was Vegetarisches?!« ein unbeeindrucktes: »Szolot« (Eifeler Platt für Salat) oder ein wohlwollendes: »Ja, wir haben Huhn und vielleicht ist auch von gestern noch Forelle übrig« hören.

Auch gerne genommen: »Ist da Fleisch drin?«

»Nein.«

»Das sieht aber aus wie Speck!«

»Sag ich doch.«

Irgendwann ergriff mich wieder die Lust auf Fleisch und mit latent schlechtem Gewissen hau ich mir nun wieder das ein oder andere Steak in die Pfanne.

Bei uns in Münster sprießen derweil die veganen Restaurants wie Pilze aus dem Boden. Da schmeckt es auch tatsächlich ganz hervorragend, aber nebenan wird dann jedes Mal, wie zum Trotz, ein Burgerladen eröffnet. Ein Trost für Dich, lieber Hubert: Die haben da keine braunen Tüten und wenn, dann weht es sie sicher nicht in die Straßengräben um Roetgen.

Aber ehrlich, was denn nun?
Ich befinde mich offensichtlich in meinem eigenen, kleinen, internen demographischen Wandel. Bei uns war's noch en Vogue, wüste Phantasien über das Befreien von Nutzvieh zu spinnen.
Eigentlich ironisch, da wir uns ja nebenbei, wie bereits erwähnt und hier noch mal final als Tatsache in Stein gehauen, mit dem Umschubsen Desselbigen vergnügten.
Ich komme mir jedenfalls immer häufiger alt vor.
Die seltsamste Blüte dieses Gegenbewegung-zur-Gegenbewegung-Gedöhnses begegnete mir aber unlängst in einem Kiosk an irgendeinem Bahnhof.
Die »Meat«. Ein ganzes Magazin über Fleisch, jedenfalls habe ich das so wahrgenommen. Wenn Du jetzt glaubst, dass das Ding wie die Bäckerblume oder die Apotheken-Umschau aussah, dann bist Du auf dem völlig falschen Dampfer. Das war ein Hochglanz-Magazin, vor dem der »Playboy« voller Ehrfurcht zucken würde.
Die Koteletts, Rumpsteaks, Tenderloins, T-Bones, Kobe-Rindhinternabschnitte, uruguayanische Urwildsau-Filets und was es nicht alles darin gab, waren abgelichtet wie Topmodels. Die Fett-Marmorierung spektakulär in Szene gesetzt, lagen sie da auf viel zu teurem Geschirr und irgendein Wurst-Guru schrieb seitenlange Abhandlungen dazu. Da bekam »Speckheftchen« gleich eine ganz neue Bedeutung.
Das war Porno für Fresssäcke.
Jedenfalls stellten sich mir beim Durchblättern spontan zwei Fragen. Die Erste lautete schlicht: »Häh?!« Die Zweite hingegen war von philosophisch-melancholisch-nostalgischer Natur: »Was würden meine Freunde von damals dazu sagen und wo zum Geier sind die eigentlich alle?!«

Nachdenklich mit Appetit auf Eisbein,
Dein Nicholas

Lieber Nicholas,

erinnerst Du Dich an unseren Auftritt mit Achim bei Thea und Günter Greif im »Kleinen Landcafé« in Kerpen bei Hillesheim? Da kam nach der Veranstaltung eine ehemalige Lehrerin von Dir an unseren Tisch, die sich richtig freute und ein hohes Lied auf ihren Deutschschüler Müller sang.
Ob das auch an unserem Generationsunterschied liegt? Bei mir hat noch nie ein Pädagoge gesungen – geschweige denn, eine Veranstaltung besucht.
Warum wohl?
Mach mal den Test: Geh auf eine Bühne und sage: »Schreiner, Polizist, Metzger, Briefträger«. – Keiner lacht. Sage dann im weiteren Programm – ohne jede bösartige Betonung: »Lehrer«. Du hast immer einen Lacher. Bei den weiblichen Berufen funktioniert das übrigens nur mit »Fleischereifachverkäuferin«.
Lehrer!!! Ich kann mich an jeden einzelnen und jede einzelne erinnern – die Netten, die So-Lala und die Bösartigen – von Letzteren nenne ich keine Namen. Los ging es in Hellenthal mit Frau Hamelach, an die ich nur gute Erinnerungen habe. Da ich gleich zweimal das erste Schuljahr besuchte (halt, halt, keine Ehrenrunde – wegen eines monatelangen Aufenthalts im Aachener Klinikum »Die Nieren«), vermittelte sie mir einen ordentlichen Grundstock mit Fibel, Rechenbuch und Schiefertafel während der ersten beiden Schuljahre in einem Raum.
Die verdammten Tafeln hatten fast immer eine Bruchstelle, da sie im Ranzen auf dem Rücken getragen wurden. Der Schaden entstand so: Man trat von hinten an einen Mitschüler ran, packte ihn mit beiden Händen am Ranzen, rammte ein Knie in den Gesäßbereich – rums lag er auf dem Rücken: Tafel am Arsch ... Prügel zu Hause.

Dann folgten die »Mikätzchen«.
Das muss erklärt werden! Wegen des sogenannten Babybooms Anfang der sechziger Jahren schuf der damalige Kultusminister Paul Mikat – daher Mikätzchen oder Mikater – in Nordrhein-Westfalen ein Programm für Seiten-Einsteiger oder pensionierte Lehrer. Man fand nämlich, dass 50 Schüler (!!) in einer Klasse ein Zacken zu viel sei.
Im dritten Schuljahr kam Mikater Berg (noch im vor-vorigen Jahrhundert geboren), der einige schräge Seiten hatte. So erklärte er uns einmal das Talent der Bierkutscher im Weitspucken in den zwanziger Jahren. Dazu macht er mit Kreide ein Kreuz auf die Klassentür und rotzte im vollen Bogen auf die Tür – daneben. Sein Kommentar: »Aber die Bierkutscher hätten das gekonnt.« Unsere Namen konnte er sich nicht merken: Peter Lorbach hieß z.B. »Kronzucker« (damals ein junger TV-Journalist zu Beginn einer großen Karriere), ich hieß – ja, ja, ich kann doch auch nichts dafür – »Philosoph«, wusste aber damals mit dem Begriff absolut nichts anzufangen.
Nach dem Kater kam ein Kätzchen – Frau Fünfzig aus Gemünd, wohl die liebenswerteste Lehrerin, die ich je im Leben hatte. Mit ihr besuchten wir den Gemünder Zoo. Warum sagen mir so viele, dass es den nie gegeben hätte? Ich erinnere mich noch genau an den uralten Löwen und den pennenden Braunbären und … an den Esel, der mich trat und bis heute der Grund ist, warum ich um Huftiere einen weiten Bogen mache.
Warum also soll ich mir den Gemünder Zoo einbilden?
Dann folgte – bedingt durch den Zöllnerberuf meines Vaters – die Zeit der Ortswechsel: Frau T., die immer knallrot wurde, wenn der Schulleiter ins Zimmer kam, Lehrer D. aus Eupen, originell und gerecht: Mit Autowaschen (seins) vor der Schule konnte man eine schlechte Note wettmachen, Lehrer Mühlhausen, bei dem sich erst am Samstagnachmittag entschied, ob die Hausaufgaben für Montag gemacht

werden mussten. Wenn Alemannia Aachen gewonnen hatte, entfielen sie …

Dann flog ich mal vom Gymnasium, da mir zum Zeugnisfälscher doch die rechte Begabung fehlte und traf auf Frau Niersmann, die später ins Kloster ging und Nonne wurde, was aber nichts mit mir zu tun hatte.

In Englisch – wie in jeder anderen Fremdsprache – war ich immer eine Null – bis auf ein Halbjahr.

Frau T., die mich nicht leiden konnte (siehe oben, siehe roter Kopf – ich lästerte darüber und sah sie nicht hinter mir) verkündete eines Tages, dass der Englischunterricht ab sofort mit »Ms. Wood« stattfinden sollte.

Wow!

Ms. Wood trug einen Minirock, für den meine Mitschülerinnen nach Hause geschickt worden wären (was oft passierte), und hatte Beine wie Dolores …

Zwischenruf: »Die Beine von Dolores« ist ein Film aus den fünfziger Jahren mit Germaine Damar aus Petingen in Luxemburg – bitteschön, wenn das kein Eifelbezug ist.

Aber zurück zu Ms. Wood. Den Beinen folgten der winzige Minirock, ein ärmelloses T-Shirt und eine Schulter wie die von Sylvester Stallone, das Gesicht war sommersprossig irisch, die Haare kurz.

Warum aber diese Schultern?

Ms. Wood war Kanadierin, dort Profi-Torhüterin im Eishockey, studierte nebenbei und musste in der Sommerpause ihres Vereins ein Praktikum in Deutschland machen. Sie steht für die pädagogisch wertvollste Strafe meiner Schulzeit: Mädchen, die im Unterricht störten, mussten vor die Tür, der einzige Junge im Kurs musste sich bei ihr unter den Schreibtisch setzen.

Ich habe noch nie im Unterricht so oft gestört und nie mehr so eine gute Englisch-Note erhalten.

Herzliche Grüße
Dein Hubert

Mein Gutster,

Dein Lehrer-Brief hat mich neidisch gemacht. Eine breitschultrige Ms. Wood gab es bei uns nicht und unterm Tisch saß ich höchstens mal aus Tölpelhaftigkeit beim Stuhl-Kippeln. Meine Schulzeit beschränkte sich ja größtenteils auf fahrlässige Beinah-Brandstiftung und dem höllischen Stress, mindestens einmal die Woche neu in unerreichbare Grazien verliebt zu sein. Die Deutschlehrerin, von der Du schriebst, ist allerdings wirklich ein Herzchen und ich hoffe, dass sie das jetzt auch liest. Untern Rock wollte ich ihr dennoch nicht schauen. Ich denke, das war und ist auch in ihrem Sinne.

Was ich mich ja in meinem letzten Brief fragte: Wo sind eigentlich die ganzen Freunde von früher hin? Ich weiß es mittlerweile: Die sind alle im Internet. Ich habe unlängst nicht unwesentlich viel Zeit damit verbracht, Namen von alten Kumpanen und Kumpaninnen zu googlen. Bei einigen war ich verwundert, wie sehr sie sich verändert haben, andere haben genau meine Erwartungen erfüllt – gute wie schlechte.

Das Universum ist doch zu berechnen!

Dass Facebook das neue Echt ist, musste ich vor einiger Zeit feststellen, und da das neue Echt noch blöder ist als das alte Unecht, habe ich mein privates Profil vor zwei Jahren gelöscht. Jetzt, mit der neuen Band, die übrigens »von Brücken« heißen wird, bin ich dem Verein wieder beigetreten. Ist ja auch phantastisch für diese Zwecke.

Wo damals noch ein Heidenaufwand betrieben werden musste, um Anzeigen in Musikmagazinen zu schalten, reicht jetzt unter Umständen schon ein Bild vom Morgenschiss, um die Menge zum Jubeln, Teilen und Kaufen zu bewegen. Wir werden uns mehr Mühe geben, wenn es soweit ist, was ich hiermit feierlich verspreche!

Um ein Band-Profil zu betreiben, muss man auch ein Privat-Profil haben, weiß der Geier wieso. Vor meinem inneren Auge sehe ich Mick Jagger vor seinem Computer sitzen und genervt aufstöhnen, weil sich der Typ, den er in der Schule schon nicht leiden konnte, per Private-Message darüber beschwert, dass Mick nicht zurückgestupst hat. Naja, ich glaube nicht, dass Mick Jagger sich selber um das Band-Profil kümmert, ist klar. Ein bisschen versöhnlich ist die Vorstellung aber dennoch und deswegen bewahre ich sie mir.

Bis die Tage,
Nicholas

Lieber Nicholas,

wir waren nie online!
Wer schleppte schon gerne das Telefonhäuschen aus der Wartehalle auf dem Buckel den ganzen Tag mit sich rum?
Und wir mussten auch nicht auf »Drücken Sie jetzt die 1«, reagieren, weil das mit einer Wählscheibe auch überhaupt nicht ging.
Besonders schön: Kein Mensch sah unsere Telefonnummer, wenn wir anonym irgendwo anriefen und so qualifizierte Bewertungen wie »Na, du Idiot« von uns gaben und dann schnell auflegten.
Aus »Stahlnetz« (das war die TV-Generation vor »Tatort«) wussten wir, dass für die Polizei 30 Sekunden nötig waren, um einen Anruf zurück zu verfolgen.
Beliebt waren natürlich – mein Gott, waren wir verklemmt – Anrufe im Rotlicht-Milieu: Olga St., Telefonnummer 0241-33XXX, aus der Aachener Antoniusstraße kannte jeder – ich habe in dieser Woche den Test gemacht und einige Freunde befragt: Jeder kannte diese Nummer noch – heute meldet sich allerdings ein Maklerbüro.

Beliebt waren auch Anrufe im Roetgener »Hotel Garni«, von dem die ganze Nordeifel wusste, dass da nix mit Garni war. Die Gerüchte der Promi- und Politliste war lang – ich werde den Teufel tun, und jemals auch nur einen Namen nennen. Da riefen wir gerne an und fragten nach, ob wir am kommenden Wochenende drei Zimmer für Eltern und vier Kinder haben könnten, da wir einen Wanderausflug ins Hohe Venn planen würde.
Komisch, die waren immer ausgebucht!
Das »Hotel Garni« mit seinem Türmchen und den Erkern war fast einhundert Jahre lang ein Roetgener Wahrzeichen. Spekulanten setzten im vergangenen Jahr den Abriss durch, die Arbeiten wurden von stiernackigen Rednecks mit Hunden geschützt.
Da in diesem wunderbaren Haus nicht nur rote Lichter brannten, sondern auch Bäcker, italienische Köche und Waffenverkäufer ansässig waren, hieß das Haus im Volksmund nur das »Drei-P-Haus«: Puff, Pizza, Pistolen.
Demnächst wird ein eckig-sperriges Bankgebäude dort entstehen …
Aber zurück zum Telefonieren – da einer von uns über einen eigenen Telefonanschluss verfügte.
Als seine Eltern in Urlaub waren, erdachten wir uns das »Cheese-Glockenspiel«.
Wir suchten uns im Telefonbuch Namen mit dem Zusatz »Landwirt« raus. Dann rief jemand in einer Sprache, die wir für Schweizerisch hielten, den Landmann an.
»Guten Tag, wir sind von Cheese-Glockenspiel!«
»Kenn ich nicht!«
»Sie haben den ersten Preis gewonnen. Sie haben die richtige Kuhglocke erkannt. Das war unsere Alma.«
»Ja, genau, jetzt erinnere ich mich: Meine Frau hat an sowas teilgenommen. Die ist aber nicht da. Was ist denn der erste Preis?«

»Ihr Foto wird auf einer Million Käsedosen abgedruckt. Schicken Sie bitte ein Passfoto von sich an Radio Luxemburg – Stichwort »Käse« dann werden sie berühmt!«
Leider konnten wir nie nachprüfen, ob die Passfotos jemals nach Luxemburg geschickt wurden.
Kurzum: Wir hatten unseren Spaß ohne Internet, Facebook und Google.

Ich hoffe, Deine Generation
hatte weniger Schrott im Kopf!
Hubert

Lieber Hubert!

Bei all dem Gegoogele nach alten Weggefährten ist mir die eine Konstante bewusst geworden, die mich seit nunmehr fast 20 Jahren begleitet. – Mein bester Freund.
Auf dem Weg: Ich finde es hervorragend, dass man mit Mitte Dreißig noch so was wie einen besten Freund haben kann. Gefunden haben wir uns an einer Bushaltestelle in Prüm. Zur Abwechslung mal. Dieses Mal war es nicht der Hahnplatz, aber dafür Liebe auf den ersten Blick. Er war auch moppelig, trug die Buxe auch in den Knien und frisurentechnisch war er ähnlich verwirrt wie ich. Seine Kreation sah aus wie die Schanze am Holmenkollen, nur in Zwillings-Ausführung. Ein klassischer Popo-Scheitel mit zwei flügelähnlichen Auswüchsen, die von glänzendem Haarschmier in Position gehalten wurden. Ich trug zu dieser Zeit die Potenz zum klassischen Mäcki – den echten Igel. In ätzender Kleinstarbeit hochgestellte Spikes. Jeden Morgen 'ne halbe Stunde vor dem Spiegel, die Augenpopel noch drin, Hauptsache die Frisur saß.
Wenn wir uns jetzt treffen, beide Papas, beide jenseits der Dreißig, dann unterhalten wir uns immer noch in einer sehr,

sehr merkwürdigen Sprache, die wir damals erfunden haben. Wir sind untrennbar. Auch, wenn wir faktisch durch nicht wenige Kilometer getrennt sind.
Gerade bemerke ich, dass ich ja fast Rosamunde Pilcher-Vokabular benutze, aber da ich wohl nie in die Verlegenheit kommen werde eine Schmonzette zu verfassen, lebe ich meine romantische Ader eben jetzt bei der Umschreibung meines besten Freundes aus. Gönne es mir bitte!
Nun, dennoch: Ich vermisse auch viele von den anderen Spaten. Ich erinnere mich an eine Begebenheit, die wohl für immer in meinem kleinen Kuriositäten-Kabinett stehen wird. Ein dem gepflegten Wahnsinn zugeneigter Freund von mir und ich sind mal zu 'nem Kumpel gefahren, um ihn entgegen seines Protestes einzusammeln, um einen anderen Freund zu besuchen, der gerade nach einem Moped-Unfall mit gebrochenen Gräten im Krankenhaus lag. Besagter Kumpel schraubte gerade an seinem eigenen Moped, wurde aber so lange freundlich bedrängt, bis er mit öligen Fingern ins Auto stieg und mitkam.
Was wir damals nicht bedachten: Die Besuchszeit im Krankenhaus war schon längst rum, es dürfte so gegen 22:00 Uhr gewesen sein. Das hielt uns aber nicht ab. Wir sind durch den Eingang in der RTW-Garage geschlüpft, der eigentlich für den Notarzt gedacht war (stand jedenfalls dran), haben uns mit diversen Pils ins Krankenzimmer geschlichen und dort auf baldige Genesung angestoßen.
Auf dem Weg nach draußen haben wir der etwas konsterniert dreinblickenden Dame am Empfang erzählt, wir seien allesamt im Krankenzimmer eingeschlafen, was sie dann nicht weiter beeindruckt hat.
Mein Vertrauen in diese Klinik, die ich nicht namentlich erwähnen möchte, hat das nachhaltig erschüttert.

Erschütternde Erinnerungen also,
Dein Nicholas

Lieber Nicholas,

irgendwie waren wir kerngesund, ich erinnere mich an keinen Krankenhausbesuch. Wahrscheinlich lag es daran, dass sich von uns – mangels Fortbewegungsmittel – keiner jemals ernsthaft verletzte. Vielleicht lag es aber auch daran, das sich unser Fortbewegungstrieb auf ein altes Schloss beschränkte: »Kiffing Embryo«, die Eifeler Band, die nie einen Ton von sich gab, hatte nämlich ein eigenes Palais: »Kiffing Embryo Castle«.
Warum auch nicht?
Wir Rockstars i.L. (in Lauerstellung) neigten nun einmal zum Größenwahn, um es denen, die es in die Charts (die damals noch »Hitparaden« hießen) geschafft hatten, gleich zu tun: Gerade aus Irland und England gab es genug Beispiele von Rock 'n' Rollern als Burgherren – wenigstens nach dem Infostand der »Bravo«. Was war da schon Paul McCartneys »Mull of Kintyre«?
Ein Kap gegen ein eigenes Schloss.
Es wird Zeit, um auf den Boden der Tatsachen zurückzukommen …
»Kiffing Embryo Castle« war in Wirklichkeit ein uraltes Eifeler Bauernhaus, in dem Al »Fons« gelebt hatte. Ohm Alfons, Opa meines Vetters Benno, hatte – weit in die 90 – eine Krankheit dahingerafft, weil er unbedingt im Nachthemd nachts bei eisiger Kälte Holzhacken musste.
Aber so ist der Eifeler eben.
Lange bevor es hier die Aktionen »Gegen den Leerstand« gab, zogen wir also in die muffigen Gemäuer ein. Mehrere Räume waren nicht mehr zu benutzen, da die Dielenbretter gebrochen waren und in einem Raum ein VW-Motor lagerte. Ein Plumpsklo der übelsten Sorte befand sich weit hinter Milchküche und Stall in der Scheune.

Einziger Bewohner, der überall im Haus rumlaufen durfte, war »Meister Lampe«, ein Kaninchen.
Aber wir waren fest entschlossen! Aus »de ald Bud von Fons« sollte »Kiffing Embryo Castle« werden.
Nun waren die Menschen meiner Generation von einer Einrichtung geprägt worden, deren miefiger Spießigkeit wir uns auch nicht entziehen konnten: dem Partykeller.
In den schrecklichsten Eltern-Einrichtungen dieser Art hatten wir bis dato gefeiert – es war die Zeit, als es das Wort Fete noch nicht gab.
Diese elterlichen Vergnügungsstätten sahen fast alle gleich aus: Holzverkleidung, Fass-Werbung, Bitburger-Teller, hängende Bierkrüge, Wurfpfeile, Fotos von Kegeltouren und – als krönender Höhepunkt – eine Bar mit gleichnamigen Hockern, an der meist Mett-Igel, Salzstangen und Goldfischli gereicht wurden. Dazu trank man Bowle – Garant für einen Kater am nächsten Tag.
Die Kritiker der Elche waren früher selber welche.
Also schleppten wir eine mit Neonfarben bemalte Bar an, die irgendein Heinz aus dem Dorf ausgemustert hatte.
Doch nun wurden wir progressiv: Statt Barhockern mussten es bei uns ausgemusterte Matratzen sein, mit denen wir den ganzen Raum bis in die hintersten Ecken auslegten – es gab keinen Millimeter Linoleum mehr zu sehen.
Eine Ecke war der bauliche Höhepunkt:
An der Decke befestigten wir die damals in Wohngemeinschaften so beliebten IKEA-Papp-Jalousien, die man mittels Kordel runterlassen konnte, um so einen separaten Raum im Raum zu schaffen.
Sie oben, siehe Größenwahn – wir nannten die Ecke »Die Jungfernfalle« – es hat sich nie eine Jungfer in diese Einrichtung verirrt, ja, selbst Nichtjungfern wurde dort nie gesichtet.
Die ersten Großveranstaltungen im »Castle«, wie wir das Haus nun nannten, fanden sogar unter Ausschluss der weiblichen Öffentlichkeit statt. Nicht, dass wir unter uns sein wollten – die Liste unserer Einladungen war immer lang.

Bloß: Es kam kein weibliches Wesen.
Also mussten wir am Tag danach angeben:
»Weiber, Weiber, Weiber, da ging sowas von die Post ab«.
In Wirklichkeit machten wir Klimmzüge an der Eingangstür, keine Fräuleins waren weit und breit auszumachen. Also tranken wir die Zweiliterflaschen »Bauerntrunk aus Österreich« zu 95 Pfennig aus dem Konsum aus, schütteten Lambrusco mit Schraubverschluss nach und krönten alles mit »Racke Rauchzart«, deutscher Whisky aus Oelde in Westfalen!!! Als Höhepunkt des Abends reiherten wir wie die Geier vor das »Castle« und hatten am nächsten Tag einen schweren Kopf.
Doch langsam wurde das »Castle« bekannter, nun machte auch die holde Eifeler Maid keinen Bogen mehr um die »soziokulturelle« Einrichtung mit Brikett-Bollerofen.
Die Musik kam aus dem Deckel des tragbaren Plattenspielers – die Platten waren eher rar: »Deep Purple in Rock«, »Led Zeppelin eins, zwei, drei«, die Sampler-Platten von K-TEL und – unsere absoluten Stars – »Insterburg & Co«.
Wenn man mir damals gesagt hätte, dass meine Frau und ich einmal Trauzeugen bei Lilli Berlin und dem Insterburger Jürgen Barz werden würden ... Die beiden Berliner heirateten übrigens in Monschau in der Eifel, versteht sich.
Das Getränke-Angebot änderte sich – siehe oben – kaum.
Eine Ausnahme! Silvester 1970.
Wir hatten in Sammeldosen, die vom Bürgermeister verplombt worden waren, zur Weihnachtszeit vor einem Imgenbroicher Warenhaus für blinde Menschen in der Dritten Welt gesammelt. Konzens Ortsvorsteher Josef Henn war von der Aktion so angetan, dass er uns ein Fässchen edelsten »Côtes du Rhône«, den man ihm in der Partnerstadt Bourg-Saint-Andéol geschenkt hatte, für unsere Silvester-Party spendete. Allerdings mit einer Bedingung: »Ich komme auf ein Glas vorbei!« Als der gute Mann dann erschien, fragte er nach dem Wein. Wir zeigten auf den Glühweintopf auf dem

Bollerofen. Der Mann bekam einen Weinkrampf – wahrscheinlich ein Glühweinkrampf.
»Côtes du Rhône« mit »Bauerntrunk« verlängert – nicht unbedingt »DÖF«, aber Französisch-Österreichische Freundschaft.
Derweil setzte draußen ein heftiger Schneesturm ein. Gegen Mitternacht zogen wir dann auf die Bundesstraße, ausgerüstet mit einer riesigen Decke, die wir über fahrende Autos warfen, um den Fahrern »Prosit Neujahr« zu wünschen. Bei dichtem Schneetreiben fiel dabei ein Wagen mit einem seltsamen Hubbel unter der Decke auf – es war leider das Blaulicht eines Streifenwagens, dessen Besatzung uns das freundliche Tun sofort untersagte. Statt »Prosit Neujahr« hörten wir: »Ja, seid Ihr denn verrückt?!?«
Das »Castle« war lange unsere tägliche Anlaufstelle. Hier konnte man statt im Hochamt den Sonntagmorgen verbringen, den Sonntagnachmittag sowieso, die Wochenabende – wir hingen quasi immer da rum.
Als die Matratzen voller Rotweinflecken waren, sich darunter erste lebende Kulturen bildeten, die Freundinnen fester wurden und die ersten Wege sich trennten, wohnte nur noch »Meister Lampe« in den heiligen Hallen und ist irgendwann dort auch im hohen Kaninchenalter verstorben.
Das »Castle« stand lange leer, bis jemand es kaufte und zu einem schmucken Eifeler Bauernhaus sanierte.
Das »Castle« heißt nun schon lange nicht mehr »Castle«.

Soweit, so Nostalgie.
Ich grüße Dich herzlich
Hubert

Lieber Hubert,

Du erinnerst Dich an meinen Brief über den abendlichen Krankenhaus-Besuch. Da man so einen schönen Abend ja nicht einfach angebrochen liegen lässt, sind wir in die Stadt gefahren, um dort die Lage in Sachen Festivitäten zu klären. Hier gibt es ein kleines Loch in meiner Erinnerung, aber irgendwie haben wir es geschafft, die Dynamik eines dieser Bauchnabel-Fussel anzunehmen, die auf mysteriöse Art und Weise immer größer werden. Bis wir im Stadtkern angekommen waren, in der Eifel sprechen wir da von ca. anderthalb Kilometern, war das Auto jedenfalls randvoll. Auf der Rückbank saßen schon vier Leute und ich hatte es mir im Kofferraum bequem gemacht.
Wie ein räudiges Rudel Spätpubertärer …
Moment: Als räudiges Rudel Spätpubertärer suchten wir die bekannten Locations, sprich zwei, nach einer Möglichkeit zum gepflegten Hohldrehen ab, als plötzlich der Heilige Gral der Albernheit erschien. Eine Schaumparty!
Für alle Unbescholtenen: Aus irgendeinem Grund kommen Menschen auf die Idee, eine riesige Kanone in einen geschlossenen Raum zu stellen, um diesen mit schmierigem Schaum zu füllen, machen dann unglaublich laut unheimlich unerträgliche Musik an und gucken einem Haufen sturzbesoffener Deppen dabei zu, wie sie sich der Reihe nach auf's Maul legen. (Jetzt, während ich das Konzept so aufschreibe, erschließt es sich mir dann doch und ich denke ernsthaft über eine solche Veranstaltung beim nächsten NPD-Parteitag nach.)
Nun, wie ich oben bereits erwähnte, war Kumpel 2 ja noch ölbeschmiert, was Kumpels 1 bis 5 und mir als Legitimation genügte, besagte Party zu stürmen. Schließlich musste sich der arme Kerl ja irgendwo waschen, und wenn nicht in einem Raum voller Seifenschaum, wo denn bitte sonst? Wir waren schätzungsweise eine Viertelstunde da drin, als uns eher rüde

angeraten wurde, die Lokalität SOFORT ZU VERLASSEN WEIL ES SONST KLATSCHT, ABER KEINEN BEIFALL!
Was auch klar sein sollte: Klatschnass, wie wir waren, konnte selbstredend niemand in dieses Auto rein. Die Sitze und so! Und überhaupt!
Ich fand mich also, mir nichts, dir nichts, nur mit Boxershorts bekleidet im Kofferraum wieder. Der Rest der Wageninsassen war auch eher spärlich bekleidet und der Fahrer, als Würdenträger des Abends, legte selbige ab und mit ihr alle Klamotten. Pudelnackt, mit einem Strohhut das Unaussprechliche bedeckend, fuhr er los und was hab ich gelacht! Bis zu dem Punkt, an dem an der Straße zwei Damen standen, die den Daumen in die Luft hielten und nach Irgendwo wollten.
Was soll ich sagen? Es waren unangenehm schweigsame zehn Minuten, die wir da zu dritt im Kofferraum verbrachten, und irgendwie war ich gar nicht so böse, dass die Damen nach der Pinkelpause, die der Fahrer einlegte, dann doch wieder aussteigen wollten.
Zwei Dinge habe ich in dieser Nacht gelernt: ein Strohhut bedeckt immer nur die eine Seite der Blöße und trag immer eine von den guten Unterbuxen, wenn du am Wochenende rausgehst. Es könnte immer sein, dass du im Heck eines überbesetzten Volkswagens zwei Ladies begegnest, und dann willst du doch nicht die ausgeleierten Dinger mit Tweety und Silvester tragen!

Nostalgisch beschämt,
Dein Nicholas

Lieber Nicholas,

ich bilde mir ein, dass ein Film mein Leben veränderte. Ich weiß, das sagt/schreibt man schon einmal schnell dahin.
Es war der 21. Juni 1970 – ich weiß das so genau, weil an diesem Tage Brasilien gegen Italien um die Weltmeisterschaft spielte und mein damaliger Verein TuS Lammersdorf um die Freundschaft zu einem Trierer Verein, dessen Name mir entfallen ist – das Stadion lag auf jeden Fall in den Weinbergen.
Ich meine, dass »St. Georg« im Vereinsnamen gestanden hat, so einen Verein finde ich aber nicht im Internet.
Wird wohl ein Erinnerungsfehler sein.
»Nach dem Spiel ist vor dem Spiel!«
Der Verein hatte uns diesen Ausflug im Kleinbus geschenkt – nach dem Spiel und vor dem Endspiel, das wir in einer Trierer Kneipe guckten, wollten einige von uns ins Kino. Wir entschieden uns mit Mehrheit – gegen die Lederhosen-Jodel-Angebote – für »Easy Rider«.
Ich war hin und weg – ganz im Gegenteil zu meinen Mitspielern, aber Torhüter sind ja immer die Verrückten.
Meine Freunde schüttelten nur den Kopf: »Da fahren zwei Kiffer mit einem Haufen Dollars im Tank durch Amerika, reden mit Ochsenfröschen, latschen mit Nutten über einen Friedhof und werden am Ende erschossen.«
Ab sofort waren Peter Fonda, Dennis Hopper und natürlich der völlig durchgeknallte Jack Nicholson meine neuen Lebenshelden – das schweineteure Poster zum Film verdrängte das Plakat »Die Bundeswehr – unsere Flotte« und machte aus dem Früh-Militaristen einen Militärgegner, was zwei Jahre später dann auch zu einer Kriegsdienstverweigerung führte.
Ich Idiot wollte doch als Fünfzehnjähriger tatsächlich zur Marine … – »Easy Rider« sei Dank.

Die Amerika-Kritik in den Film nahm ich einfach mal so hin, vielmehr war es die Musik, die auch hier meinen Geschmack gewaltig veränderte: Jimi Hendrix, Steppenwolf mit Sänger John Kay, dessen Mutter in Aachen lebt(e) und Roger McGuinn mit den Byrds. Letztere mit meiner Lebenshymne. Trotz meines Grotten-Englischs ließ mich »I wasn't born to follow« nie wieder los. Ich versuche – ist ja nicht strafbar, wenn es nicht immer gelingt – danach zu leben.
Wenn ich als junger freier Mitarbeiter der Lokalzeitungen mit meinem ganglosen Fahrrad nächtens durch die Wiesen strampelte, bildete ich mir schon mal ein, dass ich auf einem Chopper oder einer Harley-Davidson sitzen würde. Zwischen Eicherscheid und Konzen flog ich in einer Nacht in eine Kuhtränke und musste durchnässt nach Hause radeln. Ich habe übrigens noch nie auf einem Motorrad gesessen – als junger Journalist sah ich einfach zu viele Motorradtote. Der heißeste Ofen meines Lebens war das Mofa meiner damaligen Freundin, die mir dann auch die LP zum Film schenkte, die sie einer Polizisten-Tochter abgekauft hatte. Die Byrds höre ich immer noch ... heute auf CD.
Doch der Mensch hat auch dunkle cineastische Seiten. Es war ebenfalls in einem Trierer Kino. Mit meinem Vetter Benno war ich von Monschau nach Trier gelatscht – ehrlicher: auch ein wenig mit einem rasenden Ami im gleichnamigen Schlitten durchs Nimstal getrampt. Am Abend vorher hatten wir x-mal »The Night Before« von den Beatles gehört. Nach drei Tagen endlich in Trier angekommen, wollten wir unbedingt einen Film aus der »Report«-Serie sehen, es war »Hausfrauen/Lehrmädchen/Metzgersgattin/Försterliesel-Report« – keine Ahnung. Der sowas von dümmliche Film muss keine nachhaltige Wirkung auf mich gehabt haben, weil ich mich nur an eine einzige Szene erinnere: die Verkäuferin treibt es auf der Ladentheke. Man sieht meistens nur deren Kopf, der auf einer Registerkasse der altmodischsten Art liegt. Bei jeder Bewegung macht der Kasten »kling-klong« und ein Kassenzettel fliegt raus.

Am Ende sieht man nur einen Haufen Quittungen.
Von »Easy Rider« habe ich dagegen noch jede Szene präsent.

In diesem Sinne
Dein Hubert

Ach Hubert!

Da haben wir sie doch schon wieder, die Generationen-übergreifenden Parallelen.
Bei mir war es auch ein Film, der mich nachhaltig prägte.
Allerdings trug der Held bei mir keine Leder-Kutte, sondern ein Cord-Sakko. Da haben nur die 80er noch ärgere Modesünden hervorgebracht.
Jedenfalls war es wohl dieser Film, der mich dazu brachte, eine Lehre zum Erzieher zu beginnen. Irgendwann wollte ich auch gefeuert werden, wonach meine Schützlinge auf den Tisch springen und »Oh Captain, mein Captain!« rufen sollten.
Ein Kindergarten-Praktikum machte mir schnell klar, dass ich da unter Umständen die falsche Klientel erwischt hatte. Wenn die auf den Tisch sprangen, musste man eiligst hinterher hechten, um Schlimmeres zu verhindern. Seit meiner Vaterschaft habe ich das täglich zuhause und finde es beim eigenen Kind nur noch halb so anstrengend. Da kommen ja aber auch keine schlecht gelaunten Eltern und fragen, ob ich Arschgeige nicht verdammt noch mal was daran ändern könne, dass das bekloppte Kind zuhause immer flucht wie ein Rohrspatz.
Aber auch in Deinem Zitat von den Byrds finde ich mich wieder. Bei mir war es Hot Water Music, meine Allzeit-Lieblingsband, die wir mit Jupiter Jones ein paar Mal als Vorgruppe supporten durften.
Ehre, Ehre!

Irgendwie schafften die es damals immer, restalkoholisiert zu sein. Egal zu welcher Tageszeit. Auch schon wieder beeindruckend. Gerade fällt mir ein, dass ich sie in meinem »Wie wurdest Du eigentlich Musiker«-Brief bereits erwähnte. Der Sänger, Chuck Ragan, half uns damals bei der Aktion mit den 27 Gartenstühlen.
Das tut jetzt nichts zur Sache. Jedenfalls sind diese bärtigen Herren aus Florida immer gut für Lebensweisheiten und dementsprechend haben sie mir die Vorlage für meine erste, wirklich sichtbare, da am Unterarm befindliche Tätowierung geliefert.
»Live your heart and never follow« steht da. Schwierig direkt zu übersetzen.
»Leb Dein Herz und folge niemals« macht jetzt herzlich wenig Sinn. »Folge Deinem Herzen und sonst nix und niemandem« klingt jetzt wenig poetisch, haut aber hin.
Ich erinnere mich noch an die Tätowier-Session. Der Tätowierer hat mir damals mit der Maschine in der Hand erzählt, dass er vorm Stechen immer erst mal die ein oder andere Tüte rauchen müsse, damit er nicht so tatterig sei. Auf der anderen Seite wäre das aber auch so 'ne Sache, weil ein paar Züge zu viel ihn so dolle müde machen würden und dann sähe er immer so schlecht. Ich hab mich köstlich amüsiert. Um mit Muff Potter eine weitere, sehr prägende Band zu zitieren: »Als wir noch dumm und glücklich waren«. Deren Sänger Nagel, der auch lange Zeit in Münster gelebt hat, hat übrigens mal ein Buch geschrieben, welches hauptsächlich an der Mosel spielt und uns als Mosel-Speckgürtlern ein paar sehr treffende Beschreibungen der Eingeborenen liefert.

Herzliche Grüße,
Dein Nicholas

Lieber Nicholas,

mit »Mosel« lieferst Du mir eine gelungene Römerbrücke. Ich weiß auch nicht warum! Aber Trier hat bis auf den heutigen Tag immer eine magische Anziehungskraft auf mich ausgeübt.
Lange bevor ich überhaupt wusste, wo diese Stadt liegt, war für mich als Eifeler der Name Trier ein Begriff. Von Aachen bis an die Mosel fuhr nämlich der sogenannte »Trierer Bus« – quasi der Rolls-Royce unter den scheppernden Überland-Omnibussen, der nicht an jedem Hühnerstall hielt, sondern nur in so Metropolen wie Monschau, Hellenthal, Prüm und Bitburg – es können auch eins oder zwei Zentren mehr gewesen sein. Eine Fahrt damit war schon so etwas wie ein erster Klasse-Flug mit der Lufthansa. Wenn der dunkelrote Bundesbahnbus durchs Dorf fuhr, schaute ich ehrfurchtsvoll hinterher – das war doch was ganz anderes, als diese knatsch-gelben Postbusse.
Weit, weit dahinten – wahrscheinlich am Gestände des Mittelmeers – musste dieses geheimnisvolle Trier liegen mit prächtigen Palästen, exotischen Gewächsen, Gewürzen, Prinzessinnen, Königen, Ross und Reiter.
In »Heimatkunde« erfuhr ich dann etwas mehr: Römer, Mosel, älteste Stadt – das war's dann aber auch schon. Trier blieb ein Geheimnis, ein weißer Fleck auf der Landkarte der Vorstellungskraft.
Das änderte sich erst, als der Livingstone-Entdeckertrieb in mir erwachte und ich mich – bereits teilweise beschrieben – mit meinem Vetter Benno gen Trier auf die Wandersocken machte.
Dort angekommen, waren die ersten Entdeckertouren wahrscheinlich nicht spannender als die von tausenden Touris bis auf den heutigen Tag: Porta Nigra, diverse römische Tum-

melplätze – das Karl-Marx-Haus gab es auch schon, weckte allerdings nicht unbedingt unser Interesse.
Zwei Jahre später wäre das wahrscheinlich schon ganz anders gewesen.
So trieben wir uns in der Stadt rum und stießen irgendwann auf einen Typen, der oben auf der Eifeler Seite in der Hochschule ASTA-Vorsitzender war, wohl »Fischleim« hieß und Flugblätter verteilte.
Pah, jetzt wird es bestimmt politisch, könntest Du annehmen: »Unter den Talaren – Muff von 1000 Jahren«, Hochschulrahmengesetze, Aufruf zur Hausbesetzung, Notstandsgesetze, Vietnamkrieg, Diskussionsabende mit Rudi Dutschke, Johano Strasser oder dem 68er-Schönling Gaston Salvatore. – Weit gefehlt!
Die Flugblätter luden zu einem riesigen Uni-Fest mit Bock- und Bratwürsten, Bier und Bands ein und Fischleim (es kann aber auch ein -lein gewesen sein) fragte uns, ob wir als HiWis dort oben auf dem Berge anheuern wollten.
Das Honorar war fürstlich: Essensmarken für die Mensa, Teilnehme am Fest mit Freibier und Übernachtung auf Feldbetten in der Hochschul-Bibliothek.
Die Trierer Uni, die damals auf der Hunsrücker Seite (wieder) gegründet wurde, hatte damit nichts zu tun – unser neuer Arbeitgeber hieß »Hochschule Kaiserslautern in Trier« und lag auf der Eifeler Seite.
Also schleppten wir uns – Du kennst diesen Einfalls-Boulevard ins Moseltal – den Berg hoch, um uns beim ASTA vorzustellen.
Der Raum war knietief mit Papier gefüllt, die ASTA-Mitglieder gingen alle stramm auf die 30 zu, darunter Ex-Journalisten und Ex-Theologen. Für uns roch das damals nach Senioren-Studium.
Unsere erste Aufgabe war gleich mit harter körperlicher Arbeit verbunden. Mit dem Ex-Journalisten sollten wir in einem Uralt-Lastwagen zum Fundus des Trierer Theaters fahren, um dort Deko-Stücke für das Fest zu holen. Wir

luden einen riesigen Buddha, federleicht, da aus Styropor, eine Sänfte für die Königin, allerlei Römerhelden und Rauschebärte-Büsten sowie Kleinzeug wie Schwerter, Ritterhelme und historische Säulen und Vasen in den LKW.
Das Festival in Styropor machte aus der tristen Mensa und den umliegenden Räumen, Fluren und Halle einen prächtigen Festspielort.
Irgendwie hatten wir den Eindruck, dass an dieser Hochschule nur einer das Sagen hat: Fischleim – einen Lehrenden haben wir nie gesehen!
Das Mensa-Essen, an das ich mich nicht mehr erinnern kann, war wohl damals ein Fest für unseren Gaumen und sorgte für Abwechslung auf dem Teller: Mäckes gab es noch lange nicht – also musste man damals mit knapper Wanderkasse immer Pommesbuden aufsuchen.
Und das Wort »Bude« steht hier im wahrsten Sinne für »Bude«. Eine Mensa war da schon ein Sterne-Laden.
Und dann ging das Fest los:
Die Massen strömten den Berg hoch, die Bands coverten, Fischleim hatte alles im Griff – genau wie der Gast, der nach Mitternacht den Feuerlöscher im Griff hatte und einen Raum unter Schaum setzte.
War das ein Spaß – da mussten andere einfach nachlegen.
Der riesige Buddha wurde mit einem Holzschwert geköpft und ein einsamer Schläfer in der Königinnen-Sänfte landete damit im Springbrunnen.
Die Sänfte brach krachend auseinander.
Kurzum: die Stimmung war riesig – die Reaktion des Trierer Theaters ob der Vernichtung von zahlreichen Requisiten haben wir nie erfahren.
Als die Polizei freundlich aber bestimmend vorbeischaute, haben wir uns dann gen Tal getrollt und den Sonnenaufgang vor der Jugendherberge erlebt.
Zurück in die Nordeifel ging es dann mit dem »Trierer Bus« – in Monschau musste man uns wecken.

Vor ein paar Jahren wurde übrigens der letzte »Trierer Bus« eingestellt.
Trier wurde dann noch mehrmals Anlaufstelle für mich: Als Fußballer, als Journalist, Interessierter am »Trierer Modell« (Ein Konzept für Sozialarbeit in Brennpunkten), Gewerkschafter oder einfach nur als Weintrinker – nach Trier trieb es mich immer wieder gerne, auch weil ich dann immer einen Zwischenstopp im Kloster Helenenberg und dem Bohrshof einlegen konnte, um Klosterbrot und Viez zu laden.
Noch ein Wort.
Nach Lesungen oder Auftritten zieht es mich in Trier nie in ein Hotel – nein, übernachtet wird immer hinter Klostermauern bei den »Barmherzigen Brüdern«: Schlafen an einem Park, hinter Türen sind Gesänge zu hören, nachts bimmelt ein Glöckchen, und wenn ich aus dem Fenster gen Norden sehe, ist da immer schon Eifel – gut Eifelrand, aber so viel Eifel muss eben immer sein.

Viele Grüße
Hubert

Hallo Hubert,

als wir noch dumm und glücklich waren …
So, wie ich wohl nie einen Liebesroman schreiben werde, Gott bewahre, werde ich wohl auch nie meine Memoiren verfassen. Ich stelle mir meinen Lebensherbst eher stinkfaul mit Urlaub zwischendrin vor und finde das völlig in Ordnung. Außerdem ist mein Gedächtnis katastrophal und ich glaube nicht, dass das mit dem Alter besser wird. Zwischen all den Albernheiten und Anekdötchen steckt aber noch eine Geschichte, die ich gerne erzählen möchte. Ich brauche kein Mitleid. Es geht mir viel mehr darum: Sollte jemals jemand dieses Buch lesen, der damit etwas anfangen kann, dann ist schon ein gutes Werk vollbracht.

Dein Nicholas

Lieber Nicholas,

vielen Dank für Deine Postkarte. Ja, ich hoffe auch, dass wir mit unseren Briefen – nicht nur in der Eifel – viele Leser erreichen und die sich dann auch an die Zeit erinnern, als sie noch jung und glücklich waren. Und dazu zählt bei vielen sicher auch das erste Auto.
Das Einsteigerauto meiner Generation war der VW-Käfer. Deshalb kommt immer ein wenig Wehmut auf, wenn ich hin und wieder noch einmal dieses Straßeninsekt meiner Jugend sehe.
Dabei war ich immer ein begeisterter Öffentlicherverkehrler gewesen – der Bus und mein altes Zollfahrrad waren für

mich die logische Art der Fortbewegung. Daher zeichnete ich meine Artikel als freier Mitarbeiter der Tageszeitung auch mit »fare« – »Fahrradreporter«.
Gleitschuhe (ich glaube, die gab es nur eine kurze Zeit), Rollschuhe, Skier, Tretroller, Schlittschuhe – habe ich nie besessen, oder sie sind nach einem Versuch im Keller gelandet.
Bis heute mag ich Fortbewegungsmittel nur, wenn sie unbedingt nötig sind – dazu zählen Flugzeuge und Schiffe ebenfalls.
Lediglich Zugfahren entspannt mich …
Mir machte auch das Gespött der Nachbarskinder nichts aus, weil ich bis zum dritten Schuljahr mit meiner Beatles-Mütze auf dem Kopf (siehe einen anderen Brief) noch mit Stützrädern fuhr.
Der Einschnitt kam:
Die Ausbildung zum Journalisten verlangte vertraglich einen Führerschein – den machte ich erst mit zwanzig.
Die erste Fahrstunde war gleich im Schnee – von Lammersdorf über Vogelsang nach Schleiden. Durch die Fahrprüfung fiel ich nur deshalb nicht durch, weil meine Cousine Ilse und meine »Zwillingsschwester« Gunda (aus dem Nebendorf Mützenich, fünf Stunden älter als ich, sonst aber weder verwandt oder verschwägert; wir telefonieren bis auf den heutigen Tag an unseren Geburtstagen) mir hinter der Konzener Kirche und auf einer belgischen Rumpelstraße im Hohen Venn Nachhilfe in Sachen Schalten, Kuppeln und Lenken erteilt hatten.
Und dann musste ein Auto her!
Für 2000 Mark erstand ich Ende 73 einen Käfer – schon ohne den berühmten Blinker – dafür aber mit »Anschnallgurten«, die erst 1975 Pflicht wurden, damals aber nicht beweglich waren, sondern straff nur in einer Richtung von der Schulter zum Gurtschloss verliefen.
Die Armaturen waren abenteuerlich: Geschwindigkeitsmesser, Heizung, Licht und als Höhepunkte ein Radio und eine fürchterliche Vase mit Moselmotiv und Plastikblumen. Bei

einem Flohmarkt der Deutschen Bundesbahn – so hießen die damals – im Aachener Bahnhof hatte ich zwei Schilder erworben, die auf meinem Handschuhfach klebten: »Blumenpflücken während der Fahrt verboten« und »Nicht in den Wagen spucken«.
Der Motor war hinten, der Kofferraum vorne.
Da die amourösen VW-Käfer-Erlebnisse einer ganzen Generation gleich waren, erspare ich sie Dir und mir auch.
Nein, der VW-Käfer war auch sonst Lebensmittelpunkt. Die Rückbank war Lager für Mäntel (die damals Parka hießen), Gummistiefel und Ersatzkleidung, die die Eltern nicht sehen sollten: Jeans, Batik- oder Hippiehemden, ein Stirnband mit dem Aufdruck »Woodstock« und natürlich mein schwarzer Hut. Statt einer Hutablage hatte mein VW eine Vertiefung als Zusatzkofferraum, die sich vorzüglich als Mülleimer eignete. Da man im Grenzgebiet von und nach Belgien (die dortigen Zöllner waren übrigens viel lockerer) dauernd gefilzt wurde, machte es immer einen Heidenspaß, wenn die deutschen Grenzer erfolglos in den vergammelten Bananenschalen wühlen mussten. Mein Vetter Benno – logisch: auch Käfer-Fahrer – hatte sogar mal die Idee, ein Tütchen Fixiersalz aus dem Foto-Labor in einer Radkappe zu verstecken, um die Zöllner zu narren.
Ich weiß gar nicht, ob wir die Idee in die Tat umgesetzt haben – unsere Radkappen sind aber nie untersucht worden. Dafür setzten wir eine andere Idee in die Tat um: Auf dem Schrottplatz hatten wir uns ein zusätzliches VW-Lenkrad besorgt. Langsam tuckerten wir nun über die Landstraße dahin und harrten der Dinge, die uns überholen wollten. Aus dem Seitenfenster auf der Fahrerseite hielten wir nun das zweite Lenkrad raus und luden zum Überholvorgang ein. Soviel dumme Gesichter habe ich selten gesehen.
Ja, ja, unser Humor war schon bescheiden gestrickt.
Dann kam die Aufkleber-Phase.
Wir pappten alles auf die Käfer, was wir finden konnten. Bald reichte die Motorhaube nicht mehr aus, das Dach, die

Seiten und die Vorderklappe mussten her. Eine Straftat hätten wir danach im Monschauer Land nicht mehr begehen können, da unsere bunten Käfer in der Nordeifel weltberühmt waren.
Nach den Aufklebern (mühevoll abgekratzt) wurde mein Käfer pechschwarz – mit einem gelben Streifen über den ganzen Wagen – quasi als Gegenstück zu »Herbie«, der seit 1968 über die Kinoleinwände gondelte.
Nach einigen Jahren musste ein neuer Motor her, da hatten sich Bennos Wege und die seines ersten VW-Käfers auch schon getrennt. Eine Polizeikontrolle war nämlich der Meinung gewesen, dass Autotüren nicht durch Einmachgummis gehalten werden dürften.
Man kann auch pingelig sein.
Bei mir stießen die fast blanken Reifen auf wenig Gegenliebe – und ich entschloss mich zum Verkauf: 600 Mark habe ich noch bekommen. Damit konnte ich meinen zweiten Wagen anzahlen – einen riesigen Opel-Rekord, zweitürige Sonderanfertigung – heute würde man »Limited Edition« sagen. In einer neuerlichen Veröffentlichung wurde der Wagen »Schrumpf-Straßenkreuzer für die bürgerliche Mitte« genannt. Besser als zu meiner Zeit – da sprach man despektierlich von einer »Türkenschleuder«.
Es folgten weitere Autos – aber, wie hatte Cat Stevens schon 1968 getextet und gesungen, Rod Stewart besser gecovert: The First Cut Is The Deepest! – ich bin sicher, auch in London fuhr man VW-Käfer.

Bis die Tage
Dein Hubert

Lieber Hubert!

Ich gehöre ja zum erlauchten Kreis derer, die das »Kiffing Embryo«-Bandfoto sehen durften und ich muss sagen, dass ich mir schon gewünscht hätte, ein Teil davon gewesen zu sein. Bei meiner ersten Band ging's weniger legendär zu, dafür haben wir aber immerhin auch wirklich Musik gemacht. Wir nannten uns »Inner Logic«, was einem Bad Religion-Song entliehen war und im Großen und Ganzen unseren Sound ganz gut beschrieb. Da war irgendwo 'ne innere, tief verborgene Logik, nach der wir allerdings selber noch suchten. Das Ergebnis war ein wüster Brei aus allen Spielarten, die sich so in unseren CD-Sammlungen fanden. Als Mahlzeit wäre es wohl Leberwurst mit Schokolade und Senf gewesen, aber wir mochten es sehr und erspielten uns auch eine für Eifel-Verhältnisse stattliche Fangemeinde.
Unseren Genre-Mix nannten wir »AltIndiePunkAndRoll« und waren mächtig stolz auf diese Kreation. In den letzten Jahren habe ich viele, viele Selbsteinschätzungen junger Bands gelesen und oft sind mir dort ähnliche Worthaufen begegnet. Ich werde dann immer ein bisschen nostalgisch, weil ich ja auch mal Teil einer solchen Sturm und Drang-Kapelle voll liebenswürdigem Dilettantismus war. Ich hoffe, die sterben nie aus.
Damals schrieb ich einen Song, dessen Name mir leider nicht mehr einfallen möchte. Ich könnte ihn Dir aber sofort vorspielen und vorsingen. Im Refrain hieß es ständig: »I want to hear my voice on the radio«.
Zu dem Zeitpunkt konnte noch kein Mensch ahnen, dass es irgendwann tatsächlich so sein sollte. Dazu später mehr.
Die vorläufigen Höhepunkte meiner Karriere beschränkten sich auf einen Support-Auftritt für Manfred Mann's Earth Band und ein Zusammentreffen mit einem Tutu-tragenden Jürgen Zeltinger, der mir seine Visitenkarte in die Hand drückte und meinte, dass ich ihm eine Demo-CD senden solle. Die Visitenkarte

habe ich verloren, den anderen Bandmitgliedern aber erzählt, dass ich ihm die CD schon längst zugesandt hatte und uns Jürgen sich einfach nicht meldete. Skandal!
Sorry, Jungs. Ich glaube aber mittlerweile, dass es besser für uns alle war.
Ich war damals gerade im Wandel vom Grunge-Jüngling zum Nachwuchs-Punk und sog jeden neuen Aufguss dieser Musik in mich auf. Ich wollte Teil einer Subkultur sein und beehrte den winzigen CD-Laden in Prüm – Heloton hieß er – wöchentlich mit kruden Bestell-Wünschen, die gerne mal 14 Tage ungeduldigen Wartens in Anspruch nahmen. Irgendwie habe ich es doch geschafft, meine CD-Sammlung auf über 800 Exemplare anwachsen zu lassen, was in den 90ern, für einen Halbstarken schon ziemlich spektakulär war. Mein Papa bringt mir hin und wieder, wenn er mal wieder die Garage aufgeräumt hat, Kisten und Koffer mit CDs mit. Die stehen jetzt hier in der Garage und eigentlich würde ich gerne eine Familientradition daraus machen, bei der wir das so lange weitergeben, bis die Dinger Schellack-Status haben.
Da das ungefähr in zehn Jahren soweit sein dürfte, wäre es wohl an der Zeit, hier endlich einmal aufzuräumen.
Hoffentlich liest meine Frau diese Zeilen niemals. Irgendwie hänge ich ja doch daran.
Übrigens übersetzte ich den legendären Satz »Punk's not dead!« jahrelang mit »Punks – nicht Tod!« und hielt das eigentlich für eine ganz brauchbare Maxime.

Bis die Tage,
Dein Nicholas

Lieber Nicholas,

in der Eifel gibt es eigentlich ja nur besondere Zeiten: Weihnachts-, Oster-, Karnevals-, Sommer-, Winter- (die beiden gab es in meiner Kindheit noch nicht), Schul-, Ferien- und Kirmeszeit.
Und natürlich die Fastenzeit.
Zugegeben – als kränkelndem Kind blieb mir die oft erspart, man war froh, dass ich überhaupt etwas zu mir nahm. Daher kenne ich die Geschichten über das Klümpchenglas, in dem zwischen Aschermittwoch und Ostersamstag die Süßigkeiten gesammelt und auf das von der Sonne beschienene Fensterbrett gestellt wurden, nur aus zweiter Hand.
Ich habe mir sagen lassen, dass diese Masse dann oftmals am Ostersamstag mit Hammer und Meißel in mundgerechte Stücke geschlagen werden musste.
Allerdings frage ich mich, wo in den Orten, in denen ich wohnte, die ganzen Süßigkeiten herkamen – es gab da damals keinen Rosenmontagsumzug. Wurden die Süßigkeiten also extra von den bösen Erwachsenen gekauft, um den Kindern lange Zähne zu machen?
Sicherlich eine Unterstellung.
Als Messdiener habe ich aber auch ohne »Süßigkeiten zu Felsbrocken« einige Erinnerungen an diese Zeit:
Am Gründonnerstag verstummten überall in der Eifel die Glocken der Kirchtürme, wenigstens der katholischen.
Dann war unsere Zeit gekommen – die Zeit der düsteren Morgengestalten. Meist war es noch verdammt kalt. Daher zogen wir uns warm an und griffen unsere Klapper – in einigen Eifeler Gegenden auch eine Art Drehorgel. Mit der Klapper wurde ein kleiner Holzhammer geschwungen, der je nach Handbewegung ein lärmendes Geräusch von sich gab. Auch der Drehorgel wurden keine lieblichen Melodien wie

etwa »Wie schön leucht uns der Morgenstern« entlockt: »Zwingt die Saiten in die Cythara und lasst die süße Musica ganz freudenreich erschallen.«
Nein, unsere Musica waren nur Lärm und Krach, denn wir waren die Klapperjonge der Eifel. Einmal pro Tag, in einigen Gegenden sogar dreimal, zogen wir lärmend mit unseren Ratschen oder Knarren (hat nichts mit Handfeuerwaffen zu tun) mit stolzgeschwellter Brust durch unseren Weiler. Dazu grölten wir Sprüche, die wir oft selbst nicht verstanden, weil der Ober-Klapperer sie uns falsch mitgeteilt hatte, und die dann so klangen wie »Rümschblubglbgrumel«, in Wirklichkeit aber etwas ganz anderes hießen:
»Wir ratschen, wir ratschen den Engelsgruß, den jeder katholische Christ beten muss«, oder: »Eternitlich steh auf zum Beten, wir sind schon alle angetreten.«
Es gab aber auch die Einwort-Variante für die Klapperer, die sich keinen Text merken konnten: »Morjensglock, Mähdachsglock und Owendsglock!«
Ich war immer ein Anhänger dieser Kurzfassung.
In der Vulkan-Eifel, so weiß das allwissende Internet, singen die Klapperer: »Mettaach, Honnekraach, iwwermuer os Usterdaach« (Mittag, Hahnenschrei, übermorgen ist Ostern).
Der Lohn für diese harte Klapperarbeit kam dann am Ostersamstag zur Mittagszeit. Mit einem Handkarren, in dem sich zur Polsterung Stroh befand, zogen wir dann durch den Ort und wollten unseren verdienten Lohn – immerhin hatten wir ja die Kirchturms-Uhr ersetzt:
»Wir haben geklappert fürs Heilige Grab und bitten um eine milde Gab'.«
Meistens gab es Eier!
Wenn ich mich richtig erinnere, mussten wir davon den Zehnt dem Pastor geben, der dann immer statt »Danke« nur »Decenia!« sagte – aber das kann eine bösartige Erinnerung sein, die mir mal einer eingeflüstert hat.
Denn es muss nicht der Pastor, es kann auch der Küster gewesen sein. Die restlichen Eier wurden dann brüderlich

geteilt. Ostermittag war in der Eifel Rührei-Tag und da die Fastenzeit endete, waren die Speckwürfel auch nicht zu knapp.
Wir Klapperer hatten unseren Lohn!
Doch wer waren nun »wir«?
Da gab es ganz klare Gesetze. Nur ein Messdiener im gestandenen Knabenalter ab sieben Jahre durfte lärmend und krakeelend durch das Dorf ziehen. Mädchen waren dagegen verpönt, die durften sich höchstens die Ohren zuhalten. Heute – wenn überhaupt noch geklappert wird – dürfen Mädchen, die ja schon lange Messdiener sind, natürlich auch mitmachen.
Doch warum der ganze Lärm?
Ganz einfach. Die Glocken lösten sich am Gründonnerstag von ihrer Aufhängung im Turm und flogen – den Kranichen gleich – gen Süden.
Rom als Zielort. Dort ließen sie sich auf dem Petersplatz nieder, um mit dem Papst Brei zu essen und Kaffee zu trinken. In einigen Gegenden behauptete man, die Glocken würden beichten und sich den päpstlichen Segen holen.
Ein dummes Gesicht machte derweil in der Heimat nur die Orgel, denn auch die musste schweigen, flog aber nicht mit gen Italien.
Heute nutze ich die Fastenzeit, die tatsächlich bei mir immer mit Hering in Sahnesoße eingeläutet, dann aber schnell vergessen wird, zum völlig unchristlichen Abspecken – sprich um Jojo mit meinem Gewicht zu spielen: Was Ostersamstag runter ist, meldet sich an Pfingstsonntag wieder mit einem fröhlichen »Da bin ich wieder, deine geliebte Fettzelle!«
Was habe ich in dieser Zeit für Selbstkasteiungen veranstaltet: Die »Drei-trocken-Brötchen-ein-Liter-Weißwein-Kur« – ich habe mittags schon »Oh Mosella« gegrölt. Gegen Abend hört sich das dann wie »Oh Mozzarella« an, den ich dann heimlich gegen Mitternacht vor der offenen Kühlschranktür verschlungen habe. Oder die Ananas-Risibisi-Kur, bei der man nur Reis und Ananas essen darf. Einen Vorteil hatte die

Kur: Nachdem ich vor lauter Heißhunger heimlich das Katzenschüsselchen ausgeleckt hatte, konnte ich mir gegen Mitternacht auf meinem Sodbrennen eine Bratwurst brutzeln. Einmal bin ich in der Karwoche im Hungerwahn sogar mit den Glocken nach Rom geflogen, um dort Brei zu essen. Lecker, allerdings gut, dass ich mir ein Fläschchen Maggi mitgenommen hatte, denn mit dem Würzen haben es die Päpste und ihre kochenden Nuntien nicht so.

So, auf zur Currywurstbude!
Ich grüße Dich herzlich
Dein Hubert

Lieber Hubert!

Nun denn, ich war so langsam im Disco-fähigen Alter und mit gelacktem Scheitel, dem bereits erwähnten Kajal-Panda-Make-Up und in mühevoller Eigenmotivation errungenem Selbstvertrauen stellte ich mich auf die Tanzfläche der einzigen Rock-Disco in der näheren Umgebung. Dort ruderte ich wild mit den Armen, taumelte Schritt-links-Schritt-rechts umher und nannte das Tanzen. Es hatte nur rudimentärste Ähnlichkeit mit dem, was die Menschheit sonst so darunter versteht und sah eher so aus, als müsste ich dringend mal den Abort aufsuchen, würde aber von schlimmen Schmerzen in den Hammerzehen davon abgehalten.
Wer mich heute auf der Bühne beobachtet, der wird in manchen Situationen ähnliches Tölpeltum sehen. Soll noch mal einer behaupten, ich sei mir nicht selber treu geblieben.
Immer dann, wenn in der Eifel gerade keine »Musigg« (Eifelanisch für Tanzveranstaltung mit Coverband oder Discoteam mit State-of-the-Art-Nebelmaschinen) anstand, besuchten wir besagten Tanztempel und meist war der Bassist von Inner Logic

mit an Bord. Der spielte wiederum auch in einer Metal-Band aus der Umgebung und so begab es sich, dass eines Nachts, bei einer Party in seinem Garten, die in Ermangelung von Musigg stattgefunden haben muss, der Gitarrist dieser Metal-Band und ich uns über deutschsprachigen Punkrock unterhielten. Ich kann mich sonst nur noch daran erinnern, dass der Gastgeber irgendwann beschloss, sich in einem Moment kollektiver Selbstüberschätzung Podex voran vom Scheunendach zu werfen und ich ihn auffangen sollte, was mir eine ausgerenkte Kniescheibe und gehörige Kenntnisse in Sachen angewandter Physik einbrachte.

Aber kurze Zeit darauf fand ich mich in einem interessant duftenden Proberaum wieder und grölte mich heiser.

Jupiter Jones waren geboren.

Den Werdegang kann man ja bei Wikipedia relativ akkurat nachlesen, aber ich würde Dir, lieber Hubert, gerne ein paar Weisheiten mitgeben, die dort nicht stehen. Alles Dinge, die Du aufgrund mangelnder Tour-Erfahrung mit Kiffing Embryo vielleicht nicht wissen kannst:

1. Wenn Du einen ollen Mercedes MB100 kaufst, der auf gerader Strecke schon bedenklich poltert, dann versuche nicht, damit einen Anhänger voller Getränke und ein komplettes Bandequipment den steilsten Berg in der Umgebung heraufzuwuchten. Er wird auf halber Strecke verenden und dann stehst Du da.
2. Kauf dann keinen zweiten ollen MB100. Er wird auf halber Strecke verenden und dann stehst Du wieder da. Anhänger hin oder her.
3. Ab 48 Stunden ohne Schlaf wird es erst richtig interessant.
4. Es hat keinen Einfluss auf den Geschmack einer Mahlzeit, wenn der Senfhund des Punkerkochs aus dem Bottich säuft, in dem auch das Geschirr gespült wird.
5. Wenn Du eine Viertelstunde nach dem geplanten Beginn eines Auftritts erst bei einem Festival ankommst, um dann nach einer weiteren Viertelstunde hektischen Aufbaus noch ungefähr 10 Minuten Spielzeit zu haben, dann nimmt Dir das nur dann keiner so richtig übel, wenn eine der anderen

Bands in der Zwischenzeit beim Veranstalter anruft und sich nach dem Festival-Gelände erkundigt und sich dann herausstellt, dass sie in einem Ort gleichen Namens, 200 km entfernt stehen.
6. Solltest Du Dich mal aus Deinem Hotelzimmer ausgesperrt haben, dann lässt sich das Problem unter Zuhilfenahme von 27 Plastik-Gartenstühlen recht schnell lösen.

Das begab sich wie folgt: Wir spielten eine Show mit meiner absoluten Heldenband irgendwo im Süden Deutschlands. Das war noch zu Anfang unserer Karriere, als die Unterbringung in einem Hotel ein rares Gut war. Somit konnte niemand unserem Schlagzeuger verübeln, dass er die Tür unseres Doppelzimmers unachtsam zuzog, ohne den Schlüssel eingepackt zu haben.
Er war es einfach nicht gewöhnt. Die Erkenntnis, dass wir da unter Umständen ein Problem haben könnten, kam ihm relativ spät, nämlich mitten in der Nacht, als wir wild in seinem Rucksack kramend vor verschlossenen Hoteltüren standen.
Einen Nachtportier gab es nicht und somit mussten wir kreativ werden. Schließlich wollten wir die seltene Gelegenheit einer Hotel-Übernachtung nicht gegen eine weitere Bandscheiben sprengende Nacht im Bus eintauschen und entwickelten somit immensen Ehrgeiz.
Im Biergarten vorm Haus standen exakt 27 dieser Stühle, auf denen man sich schon nach kurzer Zeit den Allerwertesten nass schwitzt und die auf unebenem Untergrund eine gesundheitsgefährdende Eigendynamik entwickeln. Du kennst sie sicher.
Als Sitzmöbel eher ungeeignet, bilden sie aufeinander getürmt allerdings einen formidablen Kletterturm, der exakt bis zum Balkon eines Zimmers an einem DIN-genormten Hotel reicht.
Ferner eignen sich die Beckenarme vom Schlagzeug hervorragend zum aufhebeln von »auf Kipp« gestellten Fenstern.
All das sollte man wissen. Man weiß ja nie, wann man in die Verlegenheit gerät, in der wir uns befanden. Ich würde uns als Pioniere auf diesem Feld der Wissenschaft sehen.
Den schwankenden Turm ausrichtend bemerkten wir nicht, dass der Sänger besagter Heldenband plötzlich neben mir

stand und mit einem knappen »Wait. I'll help.« ohne weitere Fragen dabei half, dem Konstrukt mehr Stabilität zu geben. Völlig unbeeindruckt. Ich schnappatmete kurz und wollte eigentlich gerne irgendwen anrufen, um die frohe Botschaft zu verkünden, aber es gab ja Wichtigeres zu tun.
Unser Schlagzeuger kletterte mit der Grazie eines Wiesels und dem Mut eines müden Betrunkenen diesen Turm hinauf, schwang sich auf den Balkon und brach in unser eigenes Zimmer ein.
Wer dies nicht für einen beeindrucken Akt, Marke Cirque du Soleil hält, der möge doch bitte mal in den nächsten Baumarkt fahren, sich dort einen Flachmann gönnen, einen solchen Turm bauen und dann versuchen, daran hochzuklettern. Er möge mich aber bitte weder für den Hausverweis, noch für die zugezogenen Trümmerbrüche haftbar machen.
Ein paar Jahre später war ich als Ein-Mann-Vorband für das Soloprojekt meines Heldenbarden unterwegs und er vermachte mir seine Gitarre, nachdem meine eigene schon beim zweiten Song meines ersten Auftrittes der Tour die Grätsche machte. Ich werde sie für immer in Ehren halten.
Das waren die frühen Jahre dieser Kapelle. Wir haben uns stets durchgeboxt und für einiges Erstaunen gesorgt, wenn wir erzählten, dass wir aus der Eifel kamen. Irgendwie scheint die Welt da ein paar Latzhosen-tragende Schiefzähne, mit Brummbass und Waschbrett bewaffnet zu erwarten. Das Überraschungsmoment mag auf unserer Seite gewesen sein, aber am Ende war es der unermüdliche Glaube an ein Leben als Musiker, der uns dann tatsächlich ans Ziel führte.
Auf den Weg dahin hat der liebe Gott einen ganzen Haufen Wirtschaftsweise und Neunmalkluge gesetzt, die uns mit absoluter Sicherheit im Säckel und schiefem Grinsen prophezeiten, dass wir niemals, aber wirklich niemals eine Chance haben würden.
Ich glaube, sie bekamen alle diesen Newsletter, in dem stand, dass wir mit »Still« das meist gespielte deutschsprachige Lied in diesem Jahr geschrieben hatten.
Karma has no deadline.

Aber egal wie hoch die Verkaufszahlen, wie spektakulär die Auszeichnungen waren, ich werde nie die Nacht der Gründung, den Hintern in meinem Gesicht und die erste Probe vergessen. Unser erster Song »In dubio pro reo« wurde übrigens nie veröffentlicht und auch niemals live gespielt, was auch wirklich gut war. Der zweite sollte dann schon »Auf das Leben sein«, und den spielt die Band meines Wissens immer noch bei jedem Konzert.
Ja richtig, ich bin ausgestiegen aus diesem Traum. Vielleicht werde ich dazu später noch mehr sagen, aber gerade schwelge ich zu gerne in alten Erinnerungen und bade gleichzeitig in Melancholie.
Und gleichzeitig stecke ich den Kopf in Zukunftsvisionen: Tobi Schmitz, den Du auch kennst und der Jupiter Jones sicher zehn Jahre live am Keyboard begleitet hat, und ich haben eine Band gegründet. Noch haben wir keinen Namen dafür aber schon einige Lieder, die mir dermaßen große Freude bereiten, dass ich sie am liebsten sofort veröffentlichen würde.
Wer weiß?! Vielleicht gibt's ja schon was zu hören, wenn unser Buch erscheint. Ich bin selber gespannt!
Da es hier um Musik ging, adaptiere ich gerne den unsäglichen Kalauer eines großen deutschen Musikalien-Versandhauses und verabschiede mich:

Mit freundlichen Grooves!
Heieiei!
Nicholas

Lieber Nicholas,

so jetzt hab' ich's – etwas, das es in Deiner Jugend bestimmt nicht mehr gegeben hat.

Die Zinkbadewanne – auch Bütt genannt, allerdings ohne gleichnamige Reden!

Diese gräuliche Hässlichkeit hing meistens an einer Scheunenwand oder wurde unter der Woche (ich weiß auch, dass dieses »unter« eifeluntypische Sprech/Schreibweise ist) im Keller gelagert.

Einmal in der Woche kam das Ding zum Einsatz, denn – wie sagte man in der Eifel?

»Am Samstag wird jebad!« – für die Waschzwängler zum Mitschreiben: EINMAL in der Woche – genau wie beim Auto.

Dann wurde die Zinkbadewanne in die Küche geschleppt, während auf dem Herd in einem Einmachkessel das Wasser zum Kochen gebracht wurde.

Mit einer Zentralheizung wären wir verdreckt – hätten aber auch überlebt, wie ich weiter unten noch beweisen werde.

Und hier startete nun das wöchentliche Familientreffen. Die ganze Sippschaft saß in der Küche und harrte auf das, was da brodelte.

Wenn es so richtig wallte, mussten »die Mannslück« her, um den schweren Kessel vom Herd zu stemmen und das brüllend heiße Wasser in die Wanne zu gießen.

Immer viel zu heiß, wie das kleinste Kind – da gab es in jeder Familie eigene Badereihenfolgen – schon beim Eintauchen des kleinen Zehs brüllend feststellen musste.

Jetzt weiß ich auch, warum es »brüllend heiß« hieß.

Also musste mit einem Eimer kaltes Wasser nachgeschüttet und mit dem Holzlöffel aus der Reissuppe (vorher ordentlich abgeleckt) umgerührt werden. Andere nahmen den seifig verschmierten Umrührstock aus der Waschküche.

Beim Baden des Kleinstkindes durften noch alle Badeeventbesucher im Raume bleiben …
War das immer ein Heidenspaß für die ganze Familie, wenn das Kind wie am Spieß schrie, weil Kernseife die Eigenschaft hat – ähnlich einem Rottweiler – fürchterlich zu beißen.
Besonders das Haarewaschen war eine quälende Tortur, weil mit einer Schäpp (kleiner Topf mit einem Stil) – der Taufe ähnlich – heißes Wasser über den Kopf gegossen wurde. Und religiös wurde man in diesem Augenblick tatsächlich und rief die Sakramente an:
»Sakrat Jiss, is dat heiß!«
Das war aber keineswegs ein Ersatz für die Sonntagsmesse – Samstagabendmessen gab es damals sowieso noch nicht.
Nach dem Baden des Kleinstkindes war die öffentliche Veranstaltung beendet – denn jetzt tauchte die Mutter ein und ab.
Da wurde die Küche allerdings abgeschlossen. Dann war der Vater dran – wenn es hoch kam, höchstens aller vier Wochen.
Die geschlossene Veranstaltung war nach diesen beiden Gängen beendet, denn nun war das Eintauchen in die schon höchst seifige Lauge an den Kindern.
Auffallend war bei diesen Zinkbadewannen, dass sich am Rande der Brühe – ähnlich einem Wasserstandsanzeiger – ein glitschiger Schmierrand bildete, der von den Letztbadenden geschrubbt werden musste.
Uns Kindern machte das nichts aus, denn die Vorwäscher hatten das Wasser auf eine angenehme Temperatur runter gebadet.
Und nun wurde die Plastikflotte in Form von kleinen Kriegsschiffen rausgeholt, die man als Holland-Anrainer dort immer zu Waschpulver geschenkt bekam.
Die Skagerrak-Schlachten waren nichts dagegen …
Dass die Alliierten dort mal ein Schiff namens »Düsseldorf« versenkt haben, dürfte nur den ripuarischen Teil der Eifel interessieren …

Aber ich schweife völlig ab – und behaupte einfach mal fräschewesch (findet man in keinem Duden), dass ich in der Zinkbadewanne zum Pazifisten wurde.
Ich spielte nämlich viel lieber mit einer kleinen Blumenvase, die ich untergehen ließ. Die Vase machte dann blubblubblub, ich hatte einen Heidenspaß (kann ein Theologe mir mal die Bedeutung des Wortes erklären?) und nannte das Ding daher »den Probler«. Ich muss immer noch an den Probler denken, wenn ich heute dusche, was in der »Nach Zink«-Generation aber zunächst »brausen« hieß.
Der Kommunions-Unterricht verdarb mir dann alle Zinkwannen-Freuden. Ich war nach der Lehrstunde des sechsten Gebots der festen Überzeugung, dass man sich nach der Samstagsbeichte »untenrum« nicht mehr waschen durfte ... Um nicht in sündige Wasch-Versuchung geführt zu werden, zog ich mir zur Sicherheit eine Badehose nebst Taucherbrille an.
Und damit springen wir in das nächste Menschenalter – die kombinierte »Klo und Wanne in einem Raum«-Generation. Die ersten Eifeler bauten zu jener Zeit Badezimmer in den Stall oder in die Milchküche – das sorgte für heftige Diskussionen an zwei Wannen-Fronten:
»Ich bad' doch nit in nem Zimmer, wo och dat Klo is«, und ich schwöre, dass ich diesen Satz genauso gehört habe: »Ich jang doch nit in en Zimmer drisse – das Drisshüsje jehört neben die Miste!«
Ich übersetze das mal so: Drisshüsje steht für eine Einrichtung neben dem Misthaufen, oft mit einem Herz in der Tür. Viele Badezimmer blieben allerdings brach liegen und dienten nur dem Dorfklatsch über einen gesellschaftlichen Aufstieg:
»Die hand jetz sojar ein Badezimmer im Stall, dat kann sich nicht jeder leisten!«
Auch für die folgende Geschichte verbürge ich mich:
Ein reicher Bauer hatte sich von befreundeten Schwarzarbeitern ein Badezimmer in der Milchküche einbauen las-

sen. Nach der Fertigstellung wartete er bis zum Samstag – logisch – zog sich dann alleine in den gekachelten Raum zurück und erschien nach wenigen Minuten wieder:
»Einmal im Leben jebad – nie wieder!«
Der Mann wurde steinalt …

In diesem Sinne wünsche ich Dir
einen schönen Badesamstag!
Dein Hubert

Hu-Hu-Hubert!

Mir ist eine Erkenntnis gekommen!
Wie Du ja weißt, lebe ich als Binnenmigrant in Münster, mitten in Westfalen.
Das ist aus freien Stücken geschehen, als ich an einem Punkt in meinem Leben war, an dem es gerade egal war, wo ich genau wohnen sollte. Es war alles gleichermaßen praktisch wie unpraktisch.
Münster ist eine wunderbare Stadt, aber dennoch habe ich mich selber schon häufig gefragt, warum genau es mich nach Westfalen verschlagen hat.
Der Westfale als solcher ist von eher gleichmütigem Charakter geprägt. Kaum einen anderen Satz hörst Du hier so oft wie: »Ja nun.« Das ist ein Universalsatz, der in allen Lebenslagen funktioniert und immer eine verborgene Lösung für jedes Problem bereithält. Beim Versuch diese Lösung zu entschlüsseln vergisst man das eigentliche Malheur und allen ist geholfen.
»Schatz! Mein Brautkleid ist voll mit Matsch und gleich sollen wir doch die Hochzeitsfotos machen!«
»Ja nun.«
»Oh mein Gott! Ein Meteorit stürzt auf unser Haus!«
»Ja nun.«

Und genau dieses »Ja nun.« begleitet mich schon mein ganzes Leben. Ich bin ja ein 50/50-Hybrid aus den eher behäbig ruhigen Keine-Panik-Genen meines Eifel-Vaters und dem beizeiten aufbrausenden Temperament meiner Ruhrpott-Mutter, die bei all ihrer Liebenswürdigkeit und Höflichkeit fluchen konnte wie ein Rohrspatz.
Irgendwie muss eine solch interessante Kombination ja kompensiert werden und ich vermute, wenn man meine DNA unter dem Photonen-Mikroskop betrachtet, dann bildet der Strang ein deutlich lesbares »Ja nun.«
Du kennst Dich doch ein bisschen in Genealogie aus. Ist es möglich, dass der erste Westfale aus einem Tête-à-Tête zwischen einem Eifeler Bärbeiß und einer Ruhrpott-Schönheit entstand?
Es würde einiges erklären!
Ich jedenfalls bin hier zu Hause angekommen und denke nun darüber nach, wie ich noch weitere Eifelaner herlocken könnte. Zwei Interessengemeinschaften werde ich in baldiger Zukunft schon mal ins Leben rufen:
»Fress oder sterb! Von der Nutzlosigkeit des korrekten Imperativs« – und – »Sch? Ch? Ist mir Cheißegal!«

Ja nun!
Dein Nicholas

Lieber Nicholas,

wenn man über die Eifel schreibt, gehört sicher auch das Thema Religion dazu: Ich bin ja aus der Zeit, als der »Weiße Sonntag« noch auf den »Weißen Sonntag« fiel und nicht auf – sagen wir mal – den gemeinen heiligen Freibadsonntag. Ganze Generationen von Eifelern haben sich auf diesen Tag gefreut, da irgendwo in der Familie immer einer zur »Kommulion«, wie wir im Norden sagen, ging. An Ostern sich auf eigene Kosten satt essen – eine Woche später von Sonntag bis Dienstagabend auf Kosten der buckligen Verwandtschaft.

Dann wurden die Schlafzimmer ausgeräumt, damit auch da noch Tische aufgestellt werden konnten, da wurden Frauen aus der Nachbarschaft – das war eine hohe Ehre – angesprochen, ob sie denn bei der Feier kochen könnten: »Man hat mich für um zu Kochen bei der Kommunion von dem Fanzemännchen von Jansen-Pitt angesprochen!«

Doch vor die Kommunion haben die Götter nun einmal den Kommunionunterricht gestellt. Der fand bei mir zweimal in der Woche im Hellenthaler Kindergarten statt. Gleich zur ersten Stunde verteilte Pastor Klais kleine blaue Zettel mit der Auflistung der zehn Gebote. Bei Moses waren die ja noch in Stein gehauen, hier also auf blauen Zetteln, die der Pastor selbst feinfühlend entwickelt und drucken hatte lassen.

Diese wurden dann gebotsweise abgearbeitet – hinter manchen Sünden standen eine Klammer und ein »Wie oft?«

Das seien die »Todsünden«, erklärte Pastor Klais, der sehr einfühlsam den Unterricht gestaltete. Er setzte auch nicht auf Bangemacher, wie damals noch viele seiner polternden Kollegen, die ich in anderen Dörfern erleben musste.

Pastor Klais erklärte ruhig Gebot für Gebot.

Allerdings: Falsche Angaben bei Todsünden, also die mit den Klammern dahinter, würden zur völligen Ungültigkeit der gesamten Beichte führen.

Das sechste Gebot hieß mit jeder Menge »Wie oft?« und Klammern »Unschamhaft«. Ich konnte mir beim besten Willen nichts darunter vorstellen, da auch der Pastor das Thema nur streifte. Ich vermutete so etwas wie »alten Frauen die Zunge rausstrecken« oder »an der Haustür schellen, den in Zeitungspapier eingewickelten Hundehaufen entzünden, weglaufen und aus einem Versteck zusehen, wie das Feuer ausgetreten wird«.

Mit: »Im Schwimmbad in der Umkleidekabine durch Astlöcher gucken«, wie mich ein aufgeweckter Gleichaltriger belehrte, kamen wir der Sache schon näher.

Egal – die sogenannte »Heilige Erste Beichte« fand am Samstag vor der Kommunion statt. Eine Woche vorher gab es einen Probelauf, der nicht gewertet wurde.

Also so etwas Ähnliches wie Qualifying …

Nicht gerade aus der Pole-Position startete ich in den Beichtstuhl:

Gut, andere Götter hatte ich nicht verehrt, damals verehrte ich nur »Lederstrumpf«, den Namen des Herrn hatte ich auch nicht missbraucht, Feiertage sowieso geheiligt, da dann immer schulfrei war, Vater und Mutter damals noch geehrt, gemordet auch nicht (die Klammer blieb also leer), das sechste Gebot überspringen wir erst einmal, mit geklauten Äpfeln konnte ich was bieten, ein falsches Zeugnis hatte ich erst ein paar Jahre später meinen Eltern abgegeben und ich begehrte weder Haus, Weib noch Vieh meines Nachbarn. Blieben nur die Äpfel und ein paar Lügen, die kirchenjuristisch heute sogar unter Notlügen fallen würden.

Also: Nur das sechste Gebot, von Ehebrechen, wie im Originaltext, war auf dem blauen Zettel von Pastor Klais keine Rede. Der blaue Zettel nannte das »Unschamhaft« und fragte mit Klammern und »Wie oft« nach »Alleine« sowie »Mit anderen«. Wegen der Astlochgeschichte im Hellenthaler Frei-

bad gab ich beides zu – immerhin wollte ich vor Pastor Klais nicht mit leeren Sünderhänden dastehen.
Mit einem »Vater unser« und einem »Gegrüßt seist du Maria« kam ich nach meiner Meinung noch gut weg:
Die Hölle musste warten!
Und dann kam die Kommunion. Man hatte uns eingebläut, dass man vorher absolut nüchtern sein müsste – nüchtern brachte ich damals noch nicht in Verbindung mit saufen, sondern nur mit essen.
Den Anzug fand ich Scheiße! Hätten mir die Verwandten nicht die Geschenke per Post zuschicken können? Warum hatten meine Eltern mir keine Kappe gekauft?
Ich beschloss meine eigene Kommunion.
Bevor irgendein Onkel, der ein Auto hatte, mich zur Kirche fuhr, naschte ich eine fette Kirsche vom Kuchen, die ganze folgende Chose war also ungültig. Meine ureigene Kommunion feierte ich Wochen später, nüchtern und für mich alleine.
Nach der Feier in der Kirche kam endlich die Hauptsache: Geschenke!
Die Uhr war dabei, der Fußball auch und von Tante Trina, meiner lieben Patin, in der Eifel »Göttchen« genannt, eine »Agfa Clack«: Eine Rollfilmkamera, die mir erst viele Jahre später in Kloster Sagorsk bei Moskau ein Mönch aus den Händen riss, auf den Boden warf und zerstörte.
Das Foto findest Du unter 1971 auf meiner Facebook-Seite.
Und dann die Feier! Es waren Unmengen Menschen da – mein Nicht-Eifeler Vater hat einen Bruder, die Eifeler Mutter 13 Geschwister. Da kommt schon was zusammen.
Das heißt, ich nahm auch an gefühlten unzähligen Kommunionsfeiern teil – daher bezieht sich die folgende Schilderung auch nicht unbedingt auf meine eigene.
Kaum hatte man nach dem gefühlten stundenlangen Hochamt sechs Brötchen gegessen, zog sich mit hundertprozentiger Sicherheit ein Verwandter die Hose bis zu den Brustwarzen hoch und sagte: »Wir könnten ja was karten ...«
Aber man gönnte den Männern nicht die kleinste Freude.

Die Frauen, die bis dahin noch nichts getan hatten als Brötchen zu schmieren, Kaffee zu kochen, den Männern das Tablett zu bringen, nachzuschenken, die dreckigen Tassen zu spülen und das Mittagessen vorzubereiten, mussten sofort losmeckern.
»Nix da, Ihr Mannslück«, schrie der Frauenchor: »Gleich kommt doch der Pastor. Was soll der denn von unserer Familie denken, wenn hier Karten gespielt wird. Immerhin ist Kommulion ein Fest, wo sich alle besinnen.«
Die Männer haben sich dann besinnungslos betrunken ...
Und wer kam nicht?
Richtig, der Pastor.
Über das Nichterscheinen machte man sich sehr schnell Gedanken, die durchaus auch eine gewisse, vorsichtige Kritik einschlossen:
»Der geht doch immer zuerst zu den Beamten und Lehrern: Das sind für den ja die feinen Leute im Dorf. Zu uns normalen Dorfsleuten kommt der immer erst am Montag, aber das wird dem auch noch sauer aufstoßen.«
An dieser Stelle mischten sich dann gerne ältere Tanten – »Jufferen«, wie wir sie nannten – in das Gespräch ein:
»So redet man nicht über den Pastor. Das ist ein heiliger Mann!« Schnell war eine theologische Diskussion im Gange:
»Ach der«, rief einmal ein Onkel, »das ist auch nur ein normaler Mensch. Der schwitzt es sich auch nicht aus den ...«
»Nee, das sagst du nicht!«, rief dann immer eine Tante.
Und dann wurde aufgetragen: Schweinefleisch, viel leckere Soße und Erdäpfel. Beim Gemüse gab es oft die ersten familiären Konflikte:
»Guck ens, unsere Maria, typisch. Hat sich wieder aus dem ›Leibziger Allerlei‹ das einzige Stück Spargel rausgefischt. Das hat die im letzten Jahr auch schon so gemacht. Die scheint es ja nötig zu haben, mit ihrem Beamten von der Gemeindeverwaltung. Wer weiß, was der da macht? Wahrscheinlich leitet der ja gar nicht das Schulamt, sondern fährt nur die Sickergruben leer.«

Ich hielt mich aus solchen Streitigkeiten immer raus, da ich mich voll und ganz auf den Nachtisch konzentrierte – meistens Vanillepudding mit Erdbeeren aus dem Einweckglas. Das sah zwar wie überfahrene Krötenwanderung aus, schmeckte aber phantastisch.
Danach gingen die Frauen, wenn sie gespült hatten, mit den Kindern zur Andacht, während die Männer sich in Meditationen vertieften:
Sie rauchten Zigarren und tranken Bier.
Und was machte die Tante, die als einzige nicht zur Andacht gegangen war, weil sie sich immer um den Kuchen kümmerte? Genau, sie meckerte rum:
»Wollt Ihr Männer wohl die Flaschen vom Tisch nehmen. Gleich kommt doch der Pastor. Wat soll der da von uns denken!«
»Ach der, der macht doch nach der Andacht erst mal ein Mittagsschläfchen. Und dann klingelt der doch im Sinne der Dreifaltigkeit immer dreimal. Da können wir die Flaschen schnell vom Tisch nehmen.«
Wenn die Frauen von der Andacht zurückkamen, trugen sie Kuchen und Kaffee auf. Während des Essens guckten wir uns alle die Kärtchen an, die an das Kommunionskind geschickt worden waren. Anschließend wurde der Tisch mit den Geschenken begutachtet:
»Nee, guck ens, die haben doch tatsächlich den billigen Dröss gekauft, wo wir bei Titz in Aachen auch vorgestanden haben!«
»Also, die hätten bei dem Gehalt von deren Mann auch was Teureres kaufen können, als so en Pudding-Service aus dem Konsum.«
Dann gab es noch einmal Kuchen.
Aber: Kein Pastor kam. Leckere Aprikosentarte dafür.
Zum Abendbrot gab es bei einer Kinderkommunion in der Eifel – wie bei den vornehmen Leuten – warmes Essen: Kartoffelsalat mit Würstchen und Senf.

»Hoffentlich kommt jetzt der Pastor nicht und frisst uns die juten Würstchen weg.«
»So spricht man nicht über 'ne heilige Mann!«, schimpfte dann wieder eine Tante.
Abends, wenn die Puten und das Kommunionskind endlich im Bett waren, wurde dann wieder gekartet.
»Also, jetzt kommt der Pastor bestimmt nicht mehr. Der arme Mann hat aber auch eine Last. Der muss zu allen Kommunionskindern. Das kann der gute Mann ja nicht an einem Tag schaffen.«
Alle atmeten hörbar auf:
»Na Jottseidank. Da können wir ja endlich den Schlips und die Jacke ausziehen.«

In diesem Sinne
Dein Hubert

Lieber Hubert,

ich weiß nicht, ob das hier die richtige Plattform ist. Ich weiß nicht, ob es die überhaupt gibt. Wir haben uns keine Regeln gesetzt, wir wollten uns austauschen über all das, was so um uns herum passiert und passiert ist. Wollten uns Briefe schreiben und das haben wir getan. Ich habe endlos viele Tränen gelacht, als ich Deine Geschichten gelesen habe, habe versucht mitzuhalten, aber da fehlen mir noch ein paar Jahrzehntchen.
Jetzt würde ich gerne einen einzigen dieser Briefe an jemand anderen schreiben und ihn dann an Dich schicken, mein Freund. Und wer sonst noch gerne mag, der darf das hier lesen, wenn's auch für Dich ok ist. Weil es wichtig ist.
Für alle.

Liebes Leben,

Nicholas hier. Der große, dicke Typ mit den krummen Beinen. Ich wollte mich bedanken, weil Du es meistens gut mit mir gemeint hast.
Nein, ehrlich. Zynismus ist hier nicht angebracht.
Wenn Du die vorhergehenden Geschichten liest, dann wirst Du schnell merken, dass ich wirklich großen Spaß an Dir hatte und plane, den auch weiterhin zu haben. Ich habe den wahrscheinlich besten Job der Welt, eine wunderbare Familie und neuerdings auch noch so ein kleine Lady, die hier ordentlich den Laden aufmischt und im Moment noch Geschichten erzählt, die nur sie versteht.
Ich hör ihr trotzdem so gerne zu.
Ich hatte mal ein T-Shirt. Das war mein Lieblings-Shirt, von Katz und Goldt war das. Darauf war ein Schwan zu sehen, mit der Unterschrift »Die Seele ist eine dumme Pottsau«.
Das ist meine Art Humor. Es ist lustig, weil es stimmt.
Du kannst da nix für, Leben, aber vor ein paar Jahren hat mich eine Blutgrätsche erwischt, mitten in die alte Pottsau Seele. Meine Mutter musste gehen. So viel zu früh. Ironischerweise war mein größter Erfolg als Künstler die Momentaufnahme, die ich davon gezeichnet habe. Dafür gab es Preise und Auszeichnungen, die stehen hier rum und werden ab und an abgestaubt. Mama wäre stolz, aber gleichermaßen auch ein bisschen genervt, weil so viel Wirbel um sie veranstaltet wurde. So war sie halt.
Und weißte Leben, die Jahre nach ihrem Abschied waren nicht einfach. Ich habe mir da etwas gefangen, dass sich Angststörung nennt. Genau genommen gab's noch eine Panikstörung obendrauf. Und wenn die zuschlugen, dann war hier drin nix mehr sicher. Ich hatte Angst, Dich zu verlieren, und naja, so absurd war diese Angst auch gar nicht. Mein Körper hat das gemacht, was er tut, wenn's in Richtung Orkus geht. Hat alles auf Alarm geschaltet, hat Schweiß vergossen, den Puls jagen lassen, den Blick verfälscht, die Atmung angetrieben, als gäbe es kein Morgen mehr. Und ich will immer ein Morgen haben.

Ich bin einer dieser Typen, die sich ärgern, dass es keine Spritze gegen das Sterben gibt. Ich würde hier bleiben. Würde mich freuen, mich ärgern, begrüßen und verabschieden. Leben, wenn man so etwas bei sich trägt, dann wird man schon mal komisch angeguckt. Man gewöhnt sich dran und dann wiederum auch nicht. Ich habe schon in Bussen und Bahnen gesessen und damit gerechnet, dass ich mich gleich von Dir verabschieden muss, und wahrscheinlich haben es die meisten gar nicht gemerkt. Ich war da immer ganz gut im Versteckspiel. Aber ein paar haben immer geschaut. Mal sorgenvoll, mal fragend, mal abschätzig. Kann man ja auch verstehen, schließlich ist das ja nun wirklich nicht normal, habe ich gedacht. Und so weit gefehlt.
Leben, es ist nun mal so, dass jeder, aber wirklich jeder hier unten, jemanden kennt, der ähnliche Probleme mit Dir hat. Entschuldige, nicht mit Dir, aber mit der Angst, dass Du gehen könntest. Vielleicht liest gerade jemand meinen Brief an Dich und kennt sich aus. Die Wahrscheinlichkeit ist viel zu hoch. Nun, ich habe es geschafft. Ich habe allen Mut zusammengenommen für den Beschluss, nicht mehr ängstlich zu sein. Nicht mehr jeden Tag damit zu verbringen, ihn als letzten wahrzunehmen. Ich bin kein großer Fan von Überraschungen, aber wenn Du gehst, liebes Leben, dann wäre ich gerne überrascht. Herrlich unvorbereitet. Klingt komisch, aber eigentlich ist das ein sehr schönes Ziel. Was ich Dir gerne sagen will, mit der Bitte um's Weitersagen:
Das Alles ist machbar. Es ist manchmal fürchterlich anstrengend, aber machbar. Verrat das bitte. Die Leute sollen's wissen. Liebes Leben, ich bin ja Musiker. Sänger bin ich und in erster Linie Texter. Da ist man schon mal anfälliger für solche Angelegenheiten, weil man ja ständig darüber nachdenkt, wie man Dinge in Worte fassen kann. Wie ein Mathematiker, der ständig nach neuen Lösungen für Gleichungen sucht. Ich bin da nix Besonderes, keine Ausnahme. Ich habe mich nur quasi freiwillig für einen Zustand gemeldet, in den jeder Mensch geraten kann. Und jetzt habe ich mich in eine Schlange stellen müs-

sen, um aus diesem Zustand wieder rauszukommen. Sag das weiter. Die Leute sollen sich in die Schlange stellen.
Damit das endet.
Liebes Leben, ich habe einen Text geschrieben. Einen Text, der diesen meeresgroßen Tropfen beschreibt, der mein Fass damals gesprengt hat. Es sollte ein Lied werden, aber ich habe geschrieben und geschrieben und irgendwann waren es 43 Strophen. Und dann hab ich mein Notizbuch geschlossen und mich dazu entschieden, es nicht zu veröffentlichen. Nicht zu singen. Es für mein Archiv zu behalten.
Aber, Leben, wenn man Dinge die wehtun, immer nur für's Archiv behält, dann hören sie dadurch halt nicht auf weh zu tun. Sie schmerzen nur unter der Oberfläche. Und oben drauf schwimmt die Angst.
Damit das endet, will ich diesen Text nun doch veröffentlichen.
Es ist doch das Einzige, was ich kann.
Ich mach's in Huberts und meinem Buch.
Und dann ist es draußen. Und dann liest es vielleicht irgendwer, der damit etwas anfangen kann. Und dann wäre es auch für Mama ok. Auch wenn die eigentlich keinen Wirbel um sich wollte.
Ich bin froh, wenn es draußen ist. Dann ist hier endlich der Platz für Dich, der Dir gebührt.
Ich habe beschlossen zu bleiben. Ich hoffe sehr, Du bist da mit mir in einem Boot. Wenn nicht, dann gibt's Ärger, wenn wir uns das nächste Mal sehen.
Was für'n Quatsch, ne?! Aber ich kenn auch Deine Art von Humor. Es ist lustig, weil es stimmt.

Herzlichst,
Nicholas

Damit das endet

Du hast mich in die Welt getragen
Und ab diesem Moment
Jede einzelne Sekunde
Deines Lebens geschenkt

Du warst eine, die wusste
Wie man Menschen versteht
Wann man lieber noch bleibt
Oder besser einfach geht

Und es war alles so sicher
Meine Kindheit, meine Jugend
Denn bei jedem meiner Fehler
Blieb Geduld Deine Tugend

Und doch warst Du nicht einfach
Ich weiß, ich darf Dir das sagen
Du warst mehr Mensch als die meisten
Und Du stelltest diese Fragen

Die mich wahnsinnig machten
Weil sie nach Antworten verlangten
Die ich nicht abgeben wollte
Die mich in die Knie zwangen

Wir ham' uns immer gefunden
Waren ein Konsens aus Liebe
Ich dachte, wir wären unzerstörbar
Und dass alles so bliebe

Damit zurück zur Geschichte
Es gibt noch viel zu erzählen
So viele Zeilen in mir
Die mich immer noch quälen

Da war der Tag, den ich nicht ahnte
Ein hundsgewöhnlicher Morgen
Du sagst »Sie haben was gefunden,
doch mach Dir bitte keine Sorgen«

Ich sagte »Klar geht das gut!
Hey komm, wir machen das zusammen!«
Nur um dann hilflos und verwirrt
»O.K., Ich muss dann jetzt« zu stammeln

Ich war schon länger erwachsen
Zumindest auf dem Papier
Und hatte trotzdem keinen Plan
Dass so was wirklich passiert

Es folgten einige Jahre
Voller Spritzen und Prognosen
Ganze Schränke voller Ratgeber
Und schlauer Diagnosen

Die Chemie nahm Dir die Haare
Und Dein halbes Gewicht
Aber nie Deinen Mut
Nie das Lächeln vom Gesicht

Du warst der Inbegriff von Stärke
Du hast keinen Tag bereut
Dann der Anruf nach dem Check-Up
»Tut uns leid, es hat gestreut«

Ich erinnere mich daran
Wie die Traurigkeit kam
Und als wär's ihr gutes Recht
Dein ganzes Leben mitnahm

Der ganze Himmel voller Wolken
Voller Rotz und Wasser
Mit jeder Stunde fiel mehr Regen
Und wir beide wurden nasser

Bis Deine Seite des Bettes
Dieses Meer aus Tränen war
Das ich doch eigentlich kannte
Ich war ja selber schon da

Doch ich stand nur am Ufer
Keine Ahnung, wie man schwimmt
Wenn die Wellen so hoch
Und so bedrohlich sind

Also hab ich mich betäubt
Meine Augen geschlossen
Meine Ängste erdrosselt
Die Synapsen zerschossen

Wenn das Leben schon zusticht
Dann mit stumpfem Messer
Vielleicht wird's dadurch erträglich
Vielleicht verheilt es dann besser

So hab ich Stunden verschenkt
Die mir keiner mehr gibt
Ich habe Dinge getan
Die nur verzeiht, wer mich liebt

Du hast das alles gewusst
Das ist mir mittlerweile klar
Dass meine Schuld, wie selbstverständlich
Nie ein Thema für Dich war

Dann kamen die Schmerzen
Und mit ihnen das Morphin
Das war wie Watte voller Splitter
Kein »Wir kriegen das schon hin«

Es war ein »Gönn ihr den Frieden«
Es war die kleinste Form von Trost
Es war »Verlier jetzt nicht die Hoffnung,
doch lass besser schon mal los«

Und beim letzten Besuch
Wir haben beide nicht gesprochen
Weil Du's einfach nicht mehr konntest
Bin ich innerlich zerbrochen

Das war die Antwort auf die Frage
Die ich nie zu stellen wagte
Die ich, mal laut und mal heimlich
Immer noch in mir trage

Gibt es ein Leben ohne Dich?
Ich wollte nicht mal daran denken
Ich wollte meinen Körper öffnen
Und Dir all die Teile schenken

Die dieser elende Bastard
Diese Krankheit, dieses Schwein
Einfach weggefressen hat
Doch das konnte nicht sein

Nein, das sollte nicht sein
Du hättest eh nicht akzeptiert
Dass Deinem einzigen Sohn
Das gleiche Elend passiert

Und zurück in der Heimat
Was davon übrig war
Warf ich dann alles über Bord
Nur die Angst war noch da

Und das Telefon klingelt
Und mein Vater geht ran
Und ich höre Gemurmel
Aus dem Zimmer nebenan

Dann die Schritte, das Klopfen
Dieses Zittern in der Stimme
Blass wie Kalk und so hilflos
Ich riss die Fäuste Richtung Himmel

Ich hab Gott angeschrien
Hab gefragt was das soll
Hab drauf gewartet, dass er sagt:
»Ich hab das auch nicht gewollt«

Dass er sich irgendwie entschuldigt
Dass er Regeln für mich bricht
Doch ich schätze, nein ich weiß
Das ist wohl nicht seine Pflicht

Das mag schon so lange her sein
Fast ein ganzes Jahrzehnt
Doch ich sag's Dir ganz ehrlich
Ich hab mich nicht daran gewöhnt

Ich bin daran gewachsen
Und darunter versunken
Bin in Erinnerungen getaucht
Und dabei fast ertrunken

Ich hab den Faden verloren
Auf der Suche nach dem Zweck
Und die Bilder wirkten blasser
Unter all diesem Dreck

Drum schreib ich all diese Wörter
Um nach all diesen Jahren
Deine Nähe, Deine Weisheit
Und Dein Leben zu verwahren

Ich schreibe all diese Wörter
Denn ich möchte es nicht
Dass meine Tochter irgendwann
Nur von der Frau im Himmel spricht

Ich schreibe all diese Wörter
Damit sie lernt, wer Du bist
Und dass die Trauer nur ein kleiner Teil
Vom großen Leben ist

Sie soll lernen, dass ihr Vater,
wenn er traurig erscheint
Um die guten und nicht wegen
all der schlechten Stunden weint

Ich will ein Buch darüber schreiben
Mit dem allerschönsten Titel
Und die Sache mit dem Tod
Bekommt ein winziges Kapitel

Ich schreibe all diese Wörter
Damit ich selber versteh
Dass selbst die bissigsten Monster
Am Ende irgendwann gehn

Damit ich endlich erkenne
Dass das Blatt sich längst wendet
Ich schreibe all diese Wörter
Damit das irgendwann endet.

– E N D E –

Veröffentlichungen von Nicholas Müller

Bücher
»Schrödingers Dilemma«
in der Limited Deluxe Fan Box »Das Gegenteil von Allem«

Doppel CD mit »VON BRÜCKEN«
2014 »Weit weg von fertig«

Studioalben mit »JUPITER JONES«
2004 »Raum um Raum«
2007 »Entweder geht diese scheußliche Tapete – oder ich«
2009 »Holiday in Catatonia«
2011 »Jupiter Jones«
2013 »Das Gegenteil von Allem«
2014 »Glory.Glory.Hallelujah« (live)

Weitere Alben
2004 »Raum um Raum«
2008 »… leise« (Jupiter Jones unplugged im Kapuzinerkloster Cochem)

Singles
2007 »Wir sind ja schließlich nicht Metallica«
2011 »Still«
2011 »ImmerFürImmer«
2012 »Nordpol/Südpol«
2013 »Rennen + Stolpern«
2014 »Zuckerwasser«

Weitere Singles
2009 »Das Jahr in dem ich schlief«
2009 »Nordpol, Südpol« (feat. Jana Pallaske)
2010 »Still« (Akustik)
2013 »Denn sie wissen was sie tun« (feat. Ferris MC und Jennifer Weist)

EPs
2002 »Auf das Leben!«
2003 Split-EP Jupiter Jones vs. Springtime (EP)

Auszeichnungen
2012 ECHO in der Kategorie Radio-ECHO für »Still«

Veröffentlichungen von Hubert vom Venn

Bücher

1990 »Bundesstraße 258« GE-Verlag, Belgien
1991 »Zum Drehen und Wenden« GE-Verlag, Belgien
1992 »Die Schlacht um Monschau« Helios-Verlag
1994 »Meine Sorgen möchte ich haben« GE-Verlag, Belgien
1995 »Wir sind'n Volk« Chudoscnik Sunergia, Belgien
1996 »Und sonst – wie sonst?« GE-Verlag, Belgien
1999 »Die Hand im Moor« Rhein-Mosel-Verlag, Deutschland
2000 »Kaisermord« Rhein-Mosel-Verlag, Deutschland
2001 »Mein Jahr in der Eifel« Rhein-Mosel-Verlag, Deutschland
2002 »Alles für die Katz« Rhein-Mosel-Verlag, Deutschland
2004 »Wer stirbt schon gern in Düsseldorf?« Rhein-Mosel-Verlag, Deutschland
2005 »Sterne der Eifel« Rhein-Mosel-Verlag, Deutschland
2006 »Väter unser ...« Rhein-Mosel-Verlag, Deutschland
2007 »Gelogen wie gedruckt« Rhein-Mosel-Verlag, Deutschland
2008 »Kopflos in Reichenstein« Rhein-Mosel-Verlag, Deutschland
2010 »Den Letzten beißen die WerWölfe« Rhein-Mosel-Verlag, Deutschland
2012 »Heimatbuch Eifel« conbook-Verlag, Deutschland
2012 »Wasser ist zum Waschen da« Rhein-Mosel-Verlag, Deutschland
2013 »Die Rosenzüchter von Maria Laach« Rhein-Mosel-Verlag, Deutschland
2014 »Komm bis bei uns in die Eifel« Rhein-Mosel-Verlag, Deutschland

Hörbücher

2006 »Wer stirbt schon gern in Düsseldorf?« TechniSat
2006 »Kaisermord« TechniSat
2006 »Alles für die Katz« TechniSat
2006 »Mein Jahr in der Eifel« TechniSat
2006 »Sterne der Eifel« TechniSat
2007 »Väter unser« TechniSat
2007 »Die Hand im Moor« TechniSat

Singles, LP, CDs

1983 »Hühnchen explodieren am Horizont« (Single), Deutsche Austrophon
1983 »Sonderzug aus Pankow« (Single) von Erich hon. Ecker, Mitautor – Deutsche Austrophon
1984 »Die Stimme des Westens« (LP) Deutsche Austrophon
1993 »Kräht der Bauer auf dem Mist« (CD und MC) WDR
1997 »Fritten für um hier zu essen« mit Jupp Hammerschmidt (CD) BRF / GE-Verlag
2003 »The Best – Live im Nassenhof« mit Jupp Hammerschmidt (CD) RMV
2009 »Die Sau ist tot« (DVD) mit Jupp Hammerschmidt Rhein-Mosel-Verlag
2011 »Und Tschüss« (DVD) mit Jupp Hammerschmidt Rhein-Mosel-Verlag

Anthologien
1991 »Hurra Deutschland« Eichborn-Verlag, Deutschland
1995 »Junger Westen« Rhein-Eifel-Mosel-Verlag, Deutschland
1995 »Das Hohe Venn von A-Z« GE-Verlag, Belgien (Fotos)
1996 »Im Osten viel Neues« GE-Verlag, Belgien
1997 »Charly's Leute« print'n'press, Deutschland
2000 »Der Tod klopft an« GE-Verlag, Belgien
2001 »Abendgrauen 2« KBV-Verlag, Deutschland
2001 »Der Tod tritt ein« GE-Verlag, Belgien
2003 »Frühling, Sommer, Herbst und Mord« GE-Verlag, Belgien
2004 »Mords-Eifel« KBV-Verlag, Deutschland
2011 »Inkas Lesetraum(a)« Rhein-Mosel-Verlag, Deutschland

Hörbücher-Anthologien
2007 »Unterhaltung rund um die Eifel« Sammelbox TechniSat
2008 »Mords-Eifel« TechniSat
2008 Riesen-Eifelpaket, TechniSat
2008 Kleines Eifelpaket, TechniSat
2008 Riesen Krimipaket, TechniSat

Nennungen
1992 »Literatur Atlas NRW«
1994 »Die Eifel in der Literatur«
1999 »Lexikon der Kriminalliteratur«
2000 »Who is who Deutschland«
2000 »International Directory of Distinguished Leadership«
2000 »Kürschners Literaturkalender«
2000 »NRW-Bibliographie«
2001 »Intern. Authors and Writers Who's Who«, Cambridge
2001 »Deutsches Schriftstellerlexikon«
2002 »Intern. Who's Who of Authors and Writers«, London
2002 »Aachener Literatur Garten«
2002 »Eifel – Krimi-Reiseführer«

Solo-Programme
2012 »Eifel, Herd & O'Venn«
2013 »Christstollen sind doch auch schon da«

Programm mit Achim Konejung
2013 »Letzte Ausfahrt Eifel«
2015 »Scher dich zur Eifel«

Programme mit Jupp Hammerschmidt
1993–1994 »Das Leseprogramm«
1994–1996 »Misanthropischer Kokolores«
1996–1999 »Fritten für um hier zu essen«
1999–2001 »Grüße am Rudi«
2001–2004 »Komm bis bei uns«
2002–2003 »In diesem Sinne: Frohes Fest« – Weihnachts-Sonderprogramm
2004–2005 »Jute Butter und Bohnenkaffee«
2005–2006 »S'ist als ob Engelein singen«
2006–2007 »Viel Wind um Nichts«
2007–2008 »Wer stirbt schon gern in …«
2008–2009 »Die Sau ist tot in …«
2009–2010 »Hedwig kommt mächtig«
2010–2011 »Und Tschüss« – Abschiedstournee

Weblinks
www.hubert-vom-venn.de
www.rhein-mosel-verlag.de
www.rmv-intag.de